DEVENIR
CONSULTANT COBOL

Sommaire

Chapitre 13 - La sécurité dans les applications COBOL.

Chapitre 14 - Tendances futures et l'évolution du COBOL.

Chapitre 15 - Conclusion et perspectives d'avenir.

Chapitre 1
Introduction au COBOL
et aux Mainframes.

Historique de COBOL et son rôle actuel

Au début des années 1960, l'essor de l'informatique engendre un besoin croissant d'un langage de programmation standardisé et commun pour les activités commerciales. C'est dans ce contexte que le langage COBOL (COmmon Business-Oriented Language) a vu le jour. Développé en réponse à l'absence d'un langage de programmation accessible et universel pour le traitement des données commerciales, COBOL a été le fruit d'une collaboration entre le Département de la Défense des États-Unis, des entreprises privées, et des experts en informatique de renom. Son objectif principal était de fournir un support de programmation qui serait planétaire et durable pour gérer les transactions et le traitement de données à grande échelle.

Dès son développement initial, COBOL s'est distingué par sa syntaxe proche de l'anglais, conçue pour être compréhensible par des professionnels de l'entreprise, facilitant ainsi sa large adoption. Les trois décennies suivantes, COBOL est devenu omniprésent dans le paysage informatique. Les mainframes, ces puissants ordinateurs centraux, ont largement utilisé COBOL pour exploiter et gérer d'immenses quantités de données. Il a servi de colonne vertébrale pour les transactions financières, la gestion des inventaires, la production de fiches de paie et bien d'autres tâches cruciales pour les affaires.

Cependant, alors que l'informatique personnelle et les nouvelles technologies émergeaient, la popularité publique de COBOL a fléchi dans le monde des langages modernes tels que Java, Python ou C++. Pourtant, loin d'être obsolète, COBOL a continué de fonctionner sous le radar dans la gestion des applications critiques du monde commercial. Aujourd'hui, il est estimé que des milliards de lignes de code COBOL gouvernent encore les infrastructures informatiques de grandes entreprises et institutions financières à travers le monde.

Le langage continue de jouer un rôle essentiel dans notre monde digital, non pas citoyen de second rang, mais pilier solide des systèmes qui maintiennent l'économie mondiale en marche. Les applications COBOL ont démontré une durabilité et une fiabilité exceptionnelles, supportant sans faille des environnements complexes et exigeants. Cette résilience a permis à de nombreuses institutions de résister à l'épreuve du temps sans nécessiter de complètement remanier leur infrastructure logicielle.

L'un des principaux rôles de COBOL de nos jours est d'assurer la continuité des systèmes informatiques qui exigent une stabilité et une performance sans faille. Les entreprises de toutes tailles continuent de confier leurs processus les plus critiques à COBOL, connaissant la fiabilité et la stabilité qu'il offre. Parallèlement, le monde du développement des logiciels a vu une explosion de technologies numériques, et pourtant, COBOL est resté pertinent, s'adaptant pour répondre aux défis modernes.

Aujourd'hui, COBOL est également en train de fusionner avec de nouvelles technologies, soutenu par des environnements modernes tels que les services cloud et les plateformes d'intégration. Les systèmes mainframes trouvent des utilisations nouvelles dans des configurations hybrides, lorsque combinés avec des innovations technologiques de pointe, relevant les défis modernes avec une attitude encore plus dynamique. C'est grâce à cette combinaison qu'une nouvelle génération de développeurs s'intéresse à COBOL, curieuse d'explorer ce mélange de tradition et d'innovation.

À une époque où le manque de professionnels expérimentés en technologies mainframes se fait sentir, COBOL s'avère être un domaine de spécialisation particulièrement prometteur. Sa pertinence actuelle dans les secteurs critique de notre économie offre des opportunités de carrière conséquentes pour ceux qui choisissent de maîtriser ce langage historique. Comprendre le fonctionnement et l'histoire de COBOL permet non seulement de sauvegarder des milliers d'infrastructures de données existantes, mais aussi d'innover et de préparer le terrain pour l'avenir numérique de nombreuses industries.

En rétrospective, le rôle de COBOL dans l'histoire de l'informatique commerciale se révèle fondamental. Aujourd'hui, alors que nous traversons une ère technologique de changement accéléré et exponentiel, sa présence persistante au cœur d'innombrables systèmes démontre qu'il n'est pas seulement un vestige du passé, mais bien un outil actuel d'une importance continue. De nos jours, bien qu'il ne fasse pas la une des média spécialisés, COBOL reste le garant discret et efficace de maints processus informatiques, solidement ancré et continuellement en mouvement dans le vaste univers numérique.

Comprendre les mainframes

Comprendre les mainframes nécessite une exploration approfondie de ce qui les distingue des autres types de systèmes informatiques. Les mainframes sont souvent considérés comme des dinosaures dans le monde informatique, mais ils continuent de jouer un rôle crucial dans de nombreux secteurs. Leur conception repose sur des principes de fiabilité, de sécurité, de traitement en masse et de compatibilité qui ont évolué au fil des décennies pour s'adapter aux besoins changeants des entreprises modernes.

Les mainframes, souvent appelés systèmes hôtes ou grands systèmes, se caractérisent par leur capacité à traiter d'énormes volumes de transactions à grande vitesse. Cette puissance de traitement est rendue possible grâce à une architecture matérielle avancée qui intègre des processeurs multi-cœurs, une mémoire de grande capacité, et une gestion optimisée des entrées/sorties. Cette infrastructure permet aux entreprises de traiter des millions de transactions par seconde sans compromettre la stabilité ou la sécurité du système, ce qui est essentiel pour des secteurs comme le bancaire, les assurances, et les services publics où l'exactitude et la rapidité des transactions sont primordiales.

Ce qu'il est important de comprendre concernant les mainframes, c'est leur capacité à effectuer des opérations à grande échelle tout en maintenant une consommation d'énergie relativement faible par rapport à la puissance qu'ils fournissent. Cela les rend non seulement efficaces mais également économiques et durables à long terme. Ils sont spécialement conçus pour fonctionner en mode non-stop, souvent pendant des années, voire des décennies, avec un minimum d'interruptions, garantissant ainsi une disponibilité constante pour les applications critiques.

L'un des aspects les plus fascinants des mainframes est leur système d'exploitation, z/OS étant le plus connu et largement utilisé aujourd'hui. z/OS est spécialement conçu pour tirer parti des architectures de serveurs mainframe, gérant simultanément de nombreuses applications, sécurisant les données sensibles, et offrant des capacités de virtualisation qui permettent l'exécution d'environnements multiples sur une seule machine physique. Cette capacité de virtualisation est essentielle pour les entreprises qui cherchent à maximiser l'utilisation de leurs ressources informatiques tout en minimisant les coûts.

Sur le plan logiciel, mainframes sont souvent associés avec des langages comme COBOL, qui, malgré sa création dans les années 1960, reste une force prépondérante dans les systèmes d'entreprise. COBOL est particulièrement utilisé pour sa fiabilité et sa capacité à interagir efficacement avec de vastes bases de données et systèmes transactionnels, caractéristiques essentielles dans l'écosystème mainframe. Cependant, d'autres langages comme Java, Python, et Frameworks .NET ont également trouvé leur place dans cet environnement, reflétant l'adaptabilité et l'évolutivité des systèmes mainframe aux technologies modernes.

Un autre élément clé qui définit les mainframes est leur approche de la sécurité. Les mainframes sont dotés de mesures de sécurité intégrées robustes qui protègent les données et les transactions contre les cybermenaces. Avec des mécanismes sophistiqués de détection et de prévention des intrusions, combinés à des politiques de contrôle d'accès avancées, ces systèmes garantissent que les données sensibles restent protégées contre les acteurs malveillants. Dans une époque où les violations de données deviennent de plus en plus fréquentes, la réputation des mainframes pour assurer une sécurité rigoureuse est une véritable aubaine pour les entreprises qui doivent maintenir la confiance de leurs clients et partenaires.

Dans l'univers dynamique de la technologie moderne, les mainframes ont su rester pertinents grâce à une constante évolution. Les principales sociétés technologiques, notamment IBM, qui est un leader incontesté sur le marché du mainframe, investissent continuellement dans l'innovation pour faire évoluer ces systèmes à des formes plus modernes qui peuvent se connecter et opérer avec des technologies de cloud et des environnements de développement intégrés de manière fluide. Cela dit, pour tirer le meilleur parti des mainframes dans le contexte actuel, il est essentiel de comprendre non seulement leurs capacités, mais aussi la manière dont ils peuvent être intégrés dans des architectures IT hybrides qui exploitent le meilleur des deux mondes : la puissance robuste des mainframes et la flexibilité des solutions cloud natives.

En résumé, comprendre les mainframes, c'est comprendre une section vitale et résiliente de l'histoire et de l'avenir de l'informatique. Ils continuent de jouer un rôle crucial dans les opérations de nombreuses grandes organisations à travers le monde, et leur importance pourrait même croître à mesure que le volume global des transactions et des données augmente chaque année. Pour ceux qui choisissent de se spécialiser dans ce domaine, une carrière en tant que consultant mainframe promet d'être à la fois stable et enrichissante, soulignant la nécessité incessante de ces systèmes fiables - et de ceux qui savent les faire fonctionner efficacement.

Architecture des systèmes mainframe

L'architecture des systèmes mainframe est une composante essentielle pour comprendre leur importance et fonctionnement dans l'écosystème informatique moderne. Ce qui rend les mainframes particulièrement uniques est leur capacité à traiter de vastes quantités de données rapidement, de manière fiable et sécurisée. Ces caractéristiques ont fait des mainframes un choix privilégié pour les grandes entreprises telles que les banques, les assurances et les institutions gouvernementales, où la fiabilité et la sécurité des données sont primordiales.

La structure d'un mainframe repose sur une conception centralisée où toutes les ressources informatiques sont gérées à partir d'un emplacement unique. Cela contraste fortement avec les systèmes distribués modernes où la puissance de traitement est répartie sur plusieurs terminaux. La centralisation permet une gestion plus rigoureuse des ressources, ainsi qu'une sauvegarde et une récupération des données efficaces, ce qui est crucial dans des environnements exigeants en termes de confidentialité et de continuité des opérations.

À son cœur, un mainframe est constitué de plusieurs unités cruciales : le processeur central, la mémoire principale, le stockage, les interfaces de communication et les terminaux. Le processeur central, souvent plus d'un dans les grandes configurations, est conçu pour exceller dans le traitement de tâches batch et de transactions, un besoin courant dans le traitement de données de masse. Sa capacité à gérer un grand nombre d'instructions simultanément lui permet de répondre aux demandes de multiples sessions utilisateur tout en maintenant des niveaux élevés de performance.

La mémoire principale des mainframes, connue sous le nom de store centrale, est généralement plus importante que celle que l'on trouve dans les systèmes informatiques conventionnels, car elle doit supporter de multiples environnements d'exploitation et des milliers d'applications fonctionnant simultanément. Cette mémoire inégalée permet de s'assurer que les données critiques peuvent être rapidement accessibles, ce qui est essentiel pour le fonctionnement efficace des applications en temps réel qui sont monnaie courante dans les entreprises qui dépendent des mainframes.

En ce qui concerne le stockage, les mainframes utilisent généralement des systèmes de stockage redondants hautement disponibles et fiables. Les données sont souvent stockées sur des disques durs robustes ou sur des systèmes de stockage en réseau avec une redondance intégrée pour garantir qu'aucune donnée n'est perdue en cas de panne matérielle. Enfin, pour les communications, les mainframes disposent de dispositifs d'entrées/sorties avancés et de réseaux de communication robustes, capables de transférer de grandes quantités de données à des vitesses élevées à traverse des connexions sécurisées.

Les mainframes sont également connus pour leur exceptionnelle sécurité. Grâce à leur architecture matérielle et logicielle robuste, ils sont conçus pour être extrêmement résistants aux attaques externes. Les systèmes d'exploitation des mainframes, tels que z/OS, sont dotés de mécanismes de sécurité intégrés, qui incluent le contrôle d'accès, le chiffrement des données et des technologies de pare-feu pour empêcher les intrusions non autorisées. En combinaison avec des pratiques de gestion sécurisées et des évaluations régulières, ces mesures offrent une surface de protection vitale contre les risques de violation de données.

Une autre caractéristique clé des mainframes réside dans leur scalabilité. Les systèmes peuvent être configurés pour s'adapter aux besoins changeants des entreprises sans nécessiter de remaniement majeur de l'infrastructure existante. Cette scalabilité permet aux entreprises de commencer avec une configuration de base et d'ajouter des capacités supplémentaires au fil du temps, tel que de nouvelles couches de traitement des transactions, des extensions de mémoire, ou encore des dispositifs de stockage supplémentaires.

Enfin, une autre dimension essentielle de l'architecture des mainframes est la virtualisation. Les mainframes ont adopté des techniques de virtualisation bien avant qu'elles ne deviennent courantes dans l'informatique moderne. En utilisant des partitions logiques (LPARs), les mainframes peuvent exécuter de multiples systèmes d'exploitation et applications sur le même matériel physique simultanément. Cette capacité de virtualisation avancée maximise l'utilisation des ressources physiques disponibles tout en offrant une flexibilité importante en matière de gestion des charges de travail.

En conclusion, l'architecture des systèmes mainframe est un

mélange sophistiqué de conception technique, de gestion de ressources et de sécurité. Avec leurs capacités à gérer des charges de travaux immenses, de manière fiable et sécurisée, les mainframes continueront à jouer un rôle clé dans les applications critiques des entreprises aujourd'hui et demain. La compréhension de cette architecture est donc cruciale pour quiconque souhaite embrasser une carrière de consultant COBOL ou dans l'univers des mainframes.

Les défis modernes des mainframes

Dans notre ère numérique marquée par l'essor des technologies modernes telles que le cloud computing, le big data et l'intelligence artificielle, il est tentant de percevoir les mainframes comme des vestiges poussiéreux d'une époque révolue. Pourtant, ceux-ci demeurent le cœur de l'infrastructure technologique de nombreuses industries vitales, telles que la finance, les télécommunications et les gouvernements. Les mainframes sont souvent qualifiés d'« inamovibles » ou de « piliers de la société numérique », un statut qui n'est pas usurpé. Néanmoins, ces puissants systèmes font face aujourd'hui à une série de défis modernisés qui requièrent une attention et une adaptation constantes pour continuer de jouer un rôle central.

Le premier défi majeur auquel les systèmes mainframes sont confrontés est le vieillissement de leur main-d'œuvre. Beaucoup des programmeurs experts capables de coder en COBOL, qui est le langage de programmation le plus largement utilisé sur les mainframes, approchent de l'âge de la retraite. Ce problème est accentué par le fait que relativement peu de jeunes professionnels choisissent d'apprendre COBOL, préférant se spécialiser dans des langages plus modernes et des technologies apparemment plus novatrices. Ce vieillissement de la main-d'œuvre met sous pression les entreprises qui utilisent encore ces systèmes pour attirer et former de nouveaux talents capables de prendre le relais et d'assurer le bon fonctionnement de leurs infrastructures critiques.

Simultanément, les mainframes doivent s'adapter à un monde où l'échelle, la flexibilité et l'interconnectivité sont cruciales. Autrefois confinés dans des environnements cloisonnés, les mainframes doivent maintenant intégrer des solutions basées sur le cloud, tout en proposant des API modernes pour interagir avec des applications d'autres systèmes. Les entreprises doivent investir dans la modernisation de leurs interactions avec les services web et les plateformes cloud. Cette transition n'est pas toujours fluide, car elle nécessite souvent des réécritures de code important et une refonte de l'architecture logicielle, ce qui représente un autre obstacle à surmonter tout en maintenant une disponibilité permanente, condition sine qua non pour les systèmes critiques.

Les coûts associés aux mainframes constituent un autre défi important. Les licences de logiciel, le matériel hautement spécifique et l'expertise requise pour leur maintenance peuvent représenter des dépenses considérables. Dans un contexte où rationaliser les coûts est une priorité, ces facteurs sont souvent scrutés de près par les directions de l'entreprise. Cependant, les mainframes, en raison de leur robustesse, de leur sécurité et de leur capacité à traiter de lourds volumes transactionnels, justifient encore ce coût lorsqu'on les compare à des solutions alternatives qui risqueraient de ne pas offrir le même degré de fiabilité et de performance.

En parallèle, la sécurité demeure un constant défi pour les mainframes. Bien qu'ils soient traditionnellement considérés comme plus sûrs que les architectures plus récentes, ils ne sont pas imperméables aux cybermenaces. Avec l'augmentation des cyberattaques sophistiquées, il devient impératif pour les administrateurs de mainframes de s'assurer que leurs systèmes sont correctement protégés. Cela implique une veille technologique constante, l'application de correctifs de sécurité en temps opportun, et l'adoption de meilleures pratiques de protection des données, tout en naviguant à travers les nouvelles règlementations qui émergent dans le domaine de la protection des données.

Enfin, le défi de la perception est également à prendre en considération. Les systèmes mainframes sont souvent mal perçus comme archaïques au sein des organisations, ce qui peut faire obstacle aux efforts visant à obtenir des investissements pour leur amélioration et leur entretien. Pour les responsables IT, il est donc crucial de démontrer la valeur tangible des mainframes en termes de fiabilité, d'économie de coûts à long terme et de capacité à faire face à des charges de travail élevées. Ce discours doit être soutenu par des études de cas, des preuves économiques et une communication transparente sur la place des mainframes dans la stratégie numérique globale de l'entreprise.

Dans le contexte technologique changeant rapidement d'aujourd'hui, les défis modernes des mainframes sont vastes et complexes. Ils englobent des aspects démographiques, technologiques, économiques et perceptuels. Pour surmonter ces défis, il est impératif que les entreprises adoptent une approche proactive et stratégique, investissant intelligemment dans la formation et l'intégration de nouvelles technologies, tout en reconnaissant et en une maximisant les atouts uniques et éprouvés que les mainframes continueront d'offrir à l'avenir.

Chapitre 2
Les fondamentaux de
COBOL.

Syntaxe et structures de base

Dans le monde de la programmation, COBOL (Common Business-Oriented Language) occupe une place unique, en partie à cause de sa longévité impressionnante et de sa spécialisation dans les applications métier, en particulier dans les systèmes bancaires et de gestion financière. Pour aborder la syntaxe et les structures de base de COBOL, il est essentiel de revenir à ses origines et à sa conception orientée vers la clarté et la lisibilité, même pour les non-programmeurs.

COBOL a été conçu comme un langage qui pourrait être facilement compris, ce qui se reflète dans sa syntaxe. Contrairement à de nombreux langages modernes, COBOL utilise une syntaxe très proche de l'anglais. Une programme écrit en COBOL se compose typiquement de quatre divisions principales : Identification, Environment, Data et Procedure. L'Identification Division sert principalement à déclarer le nom du programme et ses auteurs, offrant ainsi une structure formelle pour la documentation du programme. La division suivante, Environment, spécifie les configurations matérielles et logicielles nécessaires au programme, bien que dans les implémentations modernes, cette division soit souvent simplifiée ou omise.

La Data Division est une des plus cruciales dans un programme COBOL, car elle constitue le cœur de la gestion des données. Elle permet de définir des "data items" (éléments de données) avec une grande précision, en attribuant des types comme PIC (Picture), qui définit la taille et la nature de chaque champ de données. Dans cette division, on organise souvent les données dans des structures hiérarchiques qui comprennent des champs simples et des registres plus complexes, ce qui permet une gestion et une accessibilité raffinées des informations. Les structures de contrôle de flux dans

COBOL sont principalement gérées par la Procedure Division, qui est l'endroit où le code effectif de traitement réside. Cette division permet d'implémenter la logique procédurale qui agit sur les données définies dans la Data Division.

Un des objectifs fondamentaux de COBOL est sa capacité à traiter des gros volumes de transactions. Pour cela, il dispose d'un vaste ensemble de commandes pour manipuler des fichiers séquentiels et indexés. L'affectation, souvent simplement mise en œuvre avec le mot-clé MOVE, reflète la simplicité de COBOL lorsqu'il s'agit de manipuler des données. Bien que cette instruction puisse sembler primaire, elle est incroyablement puissante dans le contexte de la gestion de grands ensembles de données.

La structure conditionnelle en COBOL se traduit principalement par l'utilisation de IF, ELSE, et END-IF pour établir des conditions alternatives. Toutefois, une des fonctionnalités puissantes de COBOL est son utilisation de structures de données répétitives via des clauses comme PERFORM... UNTIL, qui permettent d'exécuter des blocs de code jusqu'à ce qu'une condition donnée soit remplie.

Avec l'avènement de la programmation orientée objet (POO), COBOL a progressivement introduit des concepts permettant de définir des classes et objets, bien que cela soit moins utilisé en raison de son héritage procédurale robuste. Cette intégration permet à COBOL de rester pertinent, même face aux nouvelles technologies, en offrant la possibilité de moduler et d'organiser le code de manière plus flexible.

COBOL est également riche en instructions de traitement de fichiers, ce qui en fait un langage extrêmement efficace pour les tâches transactionnelles. La robustesse des clauses READ, WRITE, et REWRITE démontre la puissance de COBOL dans l'édition et le maintien des fichiers organisés. Les structures de fichier relatives et indexées dans COBOL offrent une flexibilité et une rapidité optimales, particulièrement dans les systèmes où de nombreuses transactions se produisent simultanément.

Finalement, comprendre la syntaxe et les structures de base de COBOL, c'est aussi accepter son caractère rigide, qui préfère la sécurité et l'assurance absolue sur la flexibilité à tout prix. Chaque ligne, chaque commande a un but clair et un cadre structuré qui, bien que semblant encombrant au premier regard, donne une fiabilité qui a permis à COBOL de survivre des décennies dans un monde technologique en évolution rapide. Il est crucial de maîtriser ces fondements si l'on veut devenir un consultant capable de comprendre et d'exploiter le potentiel de ce langage vénérable, tout en saisissant les opportunités qu'il continue d'offrir dans un monde en recherche constante de développeurs qualifiés en COBOL.

Gestion des données dans COBOL

La gestion des données dans COBOL est une compétence fondamentale pour tout aspirant consultant ou développeur souhaitant exceller dans cet environnement de programmation. COBOL, qui signifie Common Business-Oriented Language, a été conçu à l'origine pour résoudre des problèmes liés au traitement des données dans un contexte commercial. Sa syntaxe et ses structures ont été établies pour manipuler de grands volumes de données avec efficacité et précision.

La compréhension de la manipulation des données dans COBOL commence par la familiarisation avec sa structure de division de données, qui se compose principalement de deux parties : la Section de Fichier et la Section de Travail. La Section de Fichier est essentielle car elle déclare les fichiers nécessaires pour un programme particulier et spécifie comment ces fichiers sont organisés et comment les données doivent être lues, écrites ou modifiées. Dans cette section, chaque fichier est associé à un type de format de fichier, tel que séquentiels, indexés ou relatifs, et est lié à une déclaration de record correspondante qui décrit la structure de chaque enregistrement, incluant les champs individuels que chaque enregistrement pourrait contenir.

La Section de Travail, ou Working-Storage Section, décrit les structures de données nécessaires qui ne sont pas directement liées aux enregistrements de fichier. C'est ici que des variables temporaires peuvent être définies et utilisées tout au long du programme. Ces variables peuvent contenir des données intermédiaires, des résultats calculés, ou d'autres éléments nécessaires au traitement des tâches du programme. COBOL permet également la déclaration de constantes et de tableaux, appelées "tables" dans son propre jargon, qui offrent des moyens puissants pour stocker et manipuler des collections de données.

Un aspect clé de COBOL, qui le rend unique, est sa capacité à gérer précisément la définition des données grâce à une typographie très fine et, souvent, à manipulation de niveau bit à bit. Les data items, ou éléments de données, peuvent être déclarés avec une précision au niveau du caractère à être stocké selon un format bien défini, tels que des types numériques, alphabétiques ou alphanumériques. Cette rigueur dans la définition permet d'éviter les erreurs courantes de manipulation de données et assure une interprétation correcte des données lues ou manipulées par le programme.

L'une des avancées introduites avec COBOL est le concept de redéfinition, ou de "redefinition", qui permet à un même segment de mémoire de représenter différentes structures en fonction des besoins du moment. Par exemple, une zone de donnée pourrait contenir une série de champs individuels pour un type d'information et être redéfinie pour les traiter sous la forme d'une seule chaîne dans un autre contexte. Cette flexibilité offre aux développeurs la possibilité de gérer leurs données de manière plus efficace mais nécessite une compréhension approfondie de la manière dont ces transformations affectent le contenu et la structure des données en mémoire.

L'agilité de la gestion des données dans COBOL se manifeste également à travers l'utilisation des "88 levels" ou des niveaux de condition, qui permettent d'associer des valeurs symboliques à des conditions de données définies. Cela signifie qu'un même champ de données peut être interprété de différentes manières selon des conditions prédéfinies, rendant le code plus lisible et plus facile à maintenir. Ces "88 niveaux" apportent une méthode sophistiquée pour savoir, par exemple, lorsqu'une variable atteint un certain seuil ou contenu attendu, sans écrire directement des comparaisons parfois complexes.

En tenant compte de l'expansion moderne, la gestion des données en COBOL a intégré des concepts de programmation orientée objet, permettant d'organiser les programmes avec des classes et des objets qui encapsulent des données et des comportements associés. Cette intégration entraîne un regain d'intérêt pour la flexibilité de la manipulation des données, combinant les traditions de manipulation robuste du COBOL classique avec les paradigmes modernes de programmation.

La gestion des données dans COBOL n'est pas simplement un processus de stockage et de récupération. Elle sous-tend une architecture de programme qui doit être conçue pour assurer des transactions fiables et précises, où même la gestion de mémoire est effectuée avec soin pour éviter toute altération innatendue d'information critique. L'acquisition de compétence dans la gestion des données de COBOL est donc une porte d'entrée significative vers une expertise plus avancée qui est très recherchée dans le cadre de la maintenance et de l'évolution des systèmes critiques basés sur les mainframes, illustrant l'importance continue du langage dans le monde de l'informatique d'entreprise moderne.

Fonctions avancées de COBOL

Les fonctions avancées de COBOL s'étendent bien au-delà des structures syntaxiques fondamentales, offrant ainsi une panoplie d'outils puissants pour la gestion de données complexes et le traitement de transactions. L'une des caractéristiques les plus notables est sa capacité à gérer des fichiers de manière dynamique, ce qui permet une interaction efficace avec les datasets. En utilisant les instructions d'accès séquentiel ou direct, COBOL permet de lire, écrire et mettre à jour des fichiers à volonté, facilitant ainsi le traitement des volumes massifs de données typiques des environnements de mainframe. La gestion des fichiers indexés, indirectement très récurrente dans les applications bancaires et de gestion, constitue l'une des facettes essentielles des fonctions avancées de COBOL, et nécessite une compréhension précise des clés primaires et secondaires, dont l'usage est crucial pour organiser et récupérer des données de manière optimale.

COBOL se distingue également par l'intégration de fonctionnalités permettant la manipulation précise des chaînes de caractères et des données numériques. Les fonctions de traitement de texte telles que STRING, UNSTRING et INSPECT permettent de transformer, analyser et valider les entrées utilisateur avant toute opération critique, assurant ainsi l'intégrité des données. Ces outils s'avèrent indispensables dans la construction de rapports et la génération de documents, où la précision textuelle est souvent de mise. Parallèlement, la manipulation des données numériques est optimisée grâce à de puissantes capacités de calcul, conforme à la norme de précision arithmétique binaire et décimale, facilitant le calcul financier complexe et précis.

Une avancée notable dans les fonctions avancées de COBOL réside dans ses capacités à interagir avec des bases de données grâce aux fonctionnalités intégrées d'accès à des systèmes de gestion de bases de données relationnelles, tels que DB2. L'Embedded SQL, intégré au langage, permet d'incorporer des requêtes SQL directement dans le code COBOL, rendant ainsi transparent et efficace le processus de requête et de manipulation des données à partir des bases de données relationnelles. Cette intégration crée un lien fluide entre le monde de la gestion des données relationnelles et les applications COBOL complexes, permettant un traitement en temps réel et des mises à jour cohérentes des enregistrements.

L'évolution du langage vers la programmation orientée objet est un autre exemple de ses caractéristiques avancées. Bien que COBOL soit historiquement un langage procédural, la norme COBOL 2002 a introduit la possibilité de créer des classes et des objets, ainsi que d'utiliser les principes de l'héritage et du polymorphisme. Cette approche modulaire permet de renforcer la réutilisabilité et la maintenabilité du code, en facilitant la décomposition des applications en unités logiques plus petites et plus maniables. Par ailleurs, la transition vers des structures orientées objet encourage le partage de fonctionnalités à travers une architecture plus propre et un code plus lisible.

Une fonctionnalité souvent sous-estimée mais essentielle dans un contexte industriel est l'interfaçage avec d'autres systèmes et applications. COBOL dispose de nombreuses fonctionnalités de communication inter-systèmes, y compris l'intégration avec les systèmes CICS (Customer Information Control System) qui gèrent les transactions à grande vitesse. Grâce à l'association avec CICS, les programmes COBOL peuvent gérer efficacement la communication réseau, la sécurité des données en cours de transfert et garantir une fiabilité sans faille en termes de réponse transactionnelle.

Enfin, bien que souvent vue à travers le prisme des applications héritées, la robustesse des outils de débogage et de test intégrés dans les environnements modernes COBOL simplifie grandement la détection de bugs et l'assurance qualité des logiciels. Ces outils permettent une simulation fidèle des déroulements transactionnels en environnement réel, rendant ainsi possible non seulement l'amélioration de la qualité du code mais aussi la validation des performances avant que les applications soient mises en production.

L'ensemble de ces fonctions avancées contribue à faire de COBOL un outil pertinent et indispensable, particulièrement adapté aux grandes entreprises dépendant de transactions sécurisées et fiables. Ces fonctionnalités garantissent que, même dans un univers en constant changement, COBOL reste pertinent et vital pour les infrastructures critiques de la banque, de l'assurance et des secteurs publics, où la stabilité et la fiabilité sont des prérequis non-négociables. La maîtrise de ces fonctions avancées est à la fois un défi et une opportunité pour les développeurs cherchant à se spécialiser et à se positionner comme des experts très sollicités dans le domaine des mainframes.

Programmation orientée objet en COBOL

La programmation orientée objet (POO) en COBOL est une fonctionnalité qui a été introduite pour moderniser ce langage de programmation ancien mais toujours très utilisé dans les systèmes de mainframe. Bien que COBOL soit traditionnellement un langage procédural, des développements récents ont intégré des concepts orientés objet qui permettent aux développeurs de créer des programmes plus modulaires et maintenables.

La nature procédurale de COBOL repose fondamentalement sur une organisation en paragraphes de code qui exécutent des tâches spécifiques de manière séquentielle. Cependant, la paradigme orienté objet apporte une réelle évolution à cette architecture, notamment en introduisant des notions telles que les objets, les classes, l'héritage et le polymorphisme. Bien que ces concepts soient communs dans d'autres langages modernes comme Java ou C++, leur intégration dans COBOL est suffisamment unique pour mériter une attention particulière.

Dans COBOL, une classe est l'équivalent d'un type de données qui combine à la fois des attributs (analogues aux variables) et des méthodes (les fonctions) applicables sur ces attributs. Chaque classe agit comme un plan pour créer des objets, ces entités concrètes qui peuvent être manipulées et contrôlées par votre programme. Par cette approche, il est possible de modéliser des problématiques complexes en unités de code indépendantes et réutilisables. COBOL utilise des mots-clés spécifiques comme `CLASS-ID` pour définir une classe et `METHOD-ID` pour spécifier ses méthodes. Ces nouvelles nomenclatures permettent d'encapsuler le comportement et les données des objets dans des classes, favorisant ainsi une séparation claire entre les différentes parties du code.

Un aspect crucial de la POO en COBOL est la gestion de l'encapsulation. L'idée est de restreindre l'accès aux données internes d'une classe depuis l'extérieur, permettant uniquement les manipulations via des méthodes définies. Cette pratique minimise les erreurs dues à des accès involontaires aux valeurs internes et améliore la robustesse du programme. Les mots-clés comme `PRIVATE` et `PUBLIC` sont utilisés pour contrôler la visibilité des méthodes et des propriétés.

L'héritage est un autre principe fondamental de la programmation orientée objet, présent dans COBOL à travers l'extension de classes. Il permet à une nouvelle classe de réutiliser les fonctionnalités d'une classe existante, dite 'classe parente'. Cela facilite la création d'une architecture hiérarchique de classes, où chaque niveau de la hiérarchie peut hériter des méthodes et des propriétés des niveaux supérieurs. Si une classe enfant nécessite des comportements spécifiques, il est possible de redéfinir certaines méthodes ou d'ajouter de nouvelles fonctionnalités, sans affecter les classes parentes. Le mot-clé `INHERITS` est essentiel pour établir cette relation entre classes.

Le polymorphisme, bien que moins manifestement implémenté que dans certains autres langages, est présent à travers l'habileté d'un programme COBOL orienté objet à traiter des objets appartenant à différentes classes comme s'ils étaient de la même classe. Ce concept repose principalement sur la capacité d'une méthode à être redéfinie dans plusieurs classes distinctes, chacune apportant sa propre implémentation. Grâce à l'utilisation judicieuse de l'héritage, un même appel à une méthode sur des objets de différentes classes peut produire des résultats distincts.

Bien que la POO en COBOL n'élimine pas la nécessité de comprendre ses structures procédurales traditionnelles, l'intégration de concepts orienté objet offre une flexibilité considérable dans l'organisation du code. Cela s'avère particulièrement avantageux dans des environnements complexes ou des projets à long terme, où la maintenance et l'évolution rapide des systèmes sont cruciales. La transition vers la POO en COBOL peut même être une stratégie utile pour les organisations cherchant à mettre à niveau leurs systèmes et applications sans abandonner complètement leurs infrastructures existantes.

En conclusion, comprendre et exploiter la programmation orientée objet dans COBOL permet aux développeurs non seulement de moderniser leurs compétences mais aussi de préparer leurs applications pour l'avenir. La modularité, la réutilisation du code, ainsi que la simplification de la maintenance et de l'extension des programmes en font une approche incontournable pour tout consultant cherchant à maximiser la valeur de COBOL dans l'environnement mainframe modernisé.

Chapitre 3
Introduction à JCL et z/OS.

Qu'est-ce que JCL ?

Dans le monde complexe et souvent mystifiant des systèmes mainframes, Job Control Language, plus connu sous l'acronyme JCL, occupe une place centrale en tant que langage informatique essentiel pour la gestion des opérations. Utilisé principalement dans le cadre des systèmes d'exploitation z/OS d'IBM, JCL permet l'automatisation et l'optimisation des tâches sur ces systèmes massifs et critiques. Mais qu'est-ce que JCL exactement et pourquoi est-il si crucial ?

JCL est, pour simplifier, le langage par lequel les utilisateurs communiquent avec le système d'exploitation de leur mainframe. Il permet de décrire un travail, appelé communément un "job", spécifiant les ressources nécessaires, les programmes à exécuter, et les conditions d'exécution. En d'autres termes, JCL est une grammaire précise et rigoureuse qui sert à orchestrer les différentes ressources d'un système mainframe, comme les CPU, les espaces de stockage et les imprimantes, nécessaires pour traiter les informations et générer les sorties attendues.

Une partie du défi d'assimiler JCL réside dans sa syntaxe et son vocabulaire, qui peuvent sembler archaïques aux nouveaux utilisateurs habitués à des interfaces de programmations plus modernes. Cependant, cette précision est ce qui rend JCL si puissant et efficace pour gérer les opérations sur les mainframes. Les users doivent d'écrire soigneusement leurs instructions, en utilisant des statements tels que "JOB" pour définir le travail à accomplir, "EXEC" pour déterminer quels programmes ou routines doivent être exécutés, et "DD" (Data Definition) pour spécifier les fichiers à utiliser ou à produire.

Comprendre JCL nécessite également une compréhension

approfondie des concepts de jobs, steps, et procédures. Chaque job peut être décomposé en plusieurs étapes ou "steps", qui sont exécutées séquentiellement ou conditionnellement en fonction des besoins de l'opération. Cela permet une grande flexibilité : ajouter ou enlever des étapes selon les exigences d'une tâche permet d'adapter facilement l'exécution d'un job sans redéfinir toutes les conditions de travail.

L'utilisation quotidienne de JCL implique souvent de se familiariser avec la gestion des erreurs et des exceptions. Un aspect fondamental de JCL est sa capacité à définir des conditions de récupération et des mécanismes d'erreur intelligents, permettant au système de poursuivre les opérations même en cas de problème dans l'un des steps. Cette robustesse est cruciale pour maintenir le fonctionnement continu des nombreux processus qui peuvent coexister dans un environnement mainframe.

Un autre aspect important de JCL est son interaction avec le système z/OS sur lequel il opère. z/OS, le système d'exploitation le plus avancé d'IBM, est conçu pour assurer des niveaux élevés de sécurité, de performance, et de disponibilité requis par les entreprises d'envergure mondiale. Le langage JCL, de par sa nature systémo-centrée, est optimisé pour tirer parti des fonctionnalités du z/OS, telles que le Time Sharing Option (TSO), le Job Entry Subsystem (JES) et le Workload Manager (WLM). Ces composants opèrent de concert pour gérer l'entrée, l'ordonnancement et l'exécution des jobs, illustrant la complexité et la sophistication des environnements mainframe.

L'une des grandes forces de JCL réside dans son aptitude à être intégré aux pratiques modernes du DevOps. Bien que historiquement perçu comme un langage rigide et peu flexible, JCL s'adapte aujourd'hui aux environnements modernes grâce à des outils et plateformes qui facilitent l'intégration continue et le déploiement continu (CI/CD). La combinaison des pratiques DevOps avec les systèmes mainframe via JCL permet aux entreprises de réaliser une transformation numérique en douceur tout en s'appuyant sur la fiabilité éprouvée de leurs infrastructures mainframe.

Au final, comprendre ce qu'est JCL, c'est avant tout appréhender son rôle d'intercesseur entre l'utilisateur et le cœur opérationnel des mainframes, un rôle traditionnel mais crucial. En maîtrisant JCL, les programmeurs et consultants COBOL disposent d'un outil indispensable dans leur arsenal pour optimiser, automatiser et gérer les opérations sur z/OS. Sa singularité repose sur sa capacité à rester un pilier de performance et de stabilité dans le monde en constante évolution de l'informatique de gestion des grandes entreprises, prouvant chaque jour que même un langage de contrôle aussi technique et ancien continue d'être une ressource indispensable dans l'écosystème des applications critiques d'aujourd'hui.

Les commandes de base de JCL

Dans tout projet impliquant l'utilisation de systèmes mainframe, la maîtrise des commandes de base du Job Control Language, plus communément appelé JCL, est indispensable. JCL est le langage utilisé pour soumettre des travaux à l'ordinateur central, exécuter des programmes et gérer des ressources dans le monde complexe des systèmes z/OS. Bien qu'il puisse sembler intimidant au départ, comprendre et savoir manipuler les commandes de base de JCL représente un atout précieux et incontournable lorsque l'on souhaite exceller en tant que consultant COBOL.

Premièrement, il est essentiel de saisir que dans JCL, chaque "job" ou tâche est encapsulée dans un ensemble de commandes et de paramètres qui permettent d'instruire le système sur les ressources nécessaires et les étapes à suivre pour l'exécution. L'exécution commence généralement par la commande JOB qui définit le début d'un nouveau travail, lui attribue un nom et spécifie des informations comme les priorités et les notifications. Cette commande est cruciale, car toute erreur pourrait compromettre l'exécution du job ou impacter la file d'attente du traitement.

Dans la lignée de la commande JOB, il est impératif de bien comprendre le rôle des commandes EXEC et DD. La commande EXEC indique quel programme ou quelle procédure doit être exécutée. Elle peut être comparée à un point d'entrée pour le programme que l'on souhaite exécuter. Par exemple, lorsqu'un programme spécifique doit être mis en oeuvre, EXEC fournit l'adresse à partir de laquelle le système peut le récupérer et commencer son exécution. Une fois la commande EXEC définie, d'autres commandes DD suivent pour établir les liens avec les fichiers d'entrée et de sortie.

La commande DD, abréviation de Data Definition, est utilisée pour décrire chacun des jeux de données (datasets) dont le programme en cours d'exécution aura besoin. Grâce aux différentes options qu'elle propose, elle spécifie essentiellement quel fichier sera utilisé, s'il doit être créé, supprimé après le traitement, ou encore si des permissions supplémentaires sont requises pour accéder aux fichiers partagés. Les paramètres de DD sont variés et permettent un contrôle fin de la manière dont les datasets sont manipulés par z/OS, tels que DISP (disposition), DSNAME (nom du jeu de données), et SPACE (espace de stockage requis). Chaque de ces paramètres joue un rôle dans la manière dont une tâche est gérée et son succès pourrait être compromis si ces aspects ne sont pas correctement configurés.

Il convient également de mentionner l'importance des commentaires dans JCL. Les commentaires sont précédés d'un astérisque (*) et, bien qu'ils ne soient pas directement exécutés par le système, ils sont cruciaux pour documenter les intentions derrière certaines décisions prises dans JCL. Cela est particulièrement utile pour collaborer avec d'autres programmeurs ou lorsque l'on revient sur son propre code après un certain temps. Créer un bon commentaire revient à écrire le chapitre explicatif d'un livre : il doit faire sens même pour ceux qui ne sont pas familiers avec l'ensemble du contexte ou du cadre de référence.

Enfin, pour soumettre un job à z/OS, il est essentiel de s'assurer que chaque partie du JCL est correcte, car les erreurs, même mineures, peuvent entraîner des problèmes importants lors de l'exécution. Des outils logiciels et des utilitaires existent pour vérifier et valider la syntaxe avant soumission, minimisant ainsi le risque de rejet immédiat par le système. Une fois soumis, le job passera à travers une file d'attente gérée par z/OS, qui déterminera la priorité d'exécution en fonction des paramètres établis, garantissant que toutes les tâches soient traitées efficacement et de manière ordonnée.

Ainsi, une compréhension solide des commandes de base de JCL est essentielle pour tout consultant qui ambitionne de gérer et d'exécuter efficacement des travaux sur mainframes. Cette maîtrise, acquise par l'étude méticuleuse et la pratique régulière, devient rapidement une compétence précieuse, hautement recherchée et respectée dans le monde technologique, et précisément ce qui peut démarquer un consultant COBOL du reste du peloton dans un marché toujours en quête de talents capables de naviguer dans cet environnement riche en potentiel.

Exécution de jobs sous z/OS

Dans le monde complexe des systèmes mainframes, l'exécution de jobs sous z/OS est un processus central qui requiert une compréhension approfondie des éléments constitutifs et des pratiques opératoires. Le Job Control Language, ou JCL, est un outil fondamental dans cet environnement, servant de pont entre les opérations demandées par l'utilisateur et les capacités du système. Au cœur de tout cela se trouve la notion de "job", qui représente une série d'instructions ou de commandes que le mainframe est destiné à exécuter.

À la base, un job est conçu pour être exécuté de manière séquentielle, suivant un ordre précis de priorités et de dépendances. Chaque job commence par une déclaration centrale, le JOB statement, qui définit son identité, ses autorisations, et parfois les ressources qui lui seront allouées durant son exécution. Z/OS est particulièrement efficace pour gérer et orchestrer ces jobs grâce à des utilitaires robustes qui permettent une gestion automatique des files d'attente et la priorisation des tâches.

En envoyant un job pour exécution, les utilisateurs peuvent utiliser le JCL pour spécifier où et comment les données doivent être traitées. Cela commence souvent par l'attribution des "DD statements", ou statements de définition de données, qui indiquent comment le job accèdera aux différents fichiers et bases de données disponibles sur le système. Le z/OS s'appuie sur ces directives pour s'assurer que chaque tâche a accès aux éléments de données nécessaires à sa réalisation. Ici, l'importance d'une connexion robuste entre le job et les fichiers est critique – une dimension à laquelle l'opérateur doit être particulièrement attentif.

Une fois le job validé pour l'exécution, il passe dans la file d'attente en attendant que le système ait des ressources suffisantes pour le traiter. Z/OS utilise des algorithmes sophistiqués pour équilibrer la charge de travail, veillant à ce que même les jobs complexes soient exécutés efficacement sans surcharger le système. Durant le process d'exécution, les utilisateurs peuvent monitorer l'état de leur job à travers des interfaces utilisateur spécifiques, telles que le Spool ou JES (Job Entry Subsystem). Ces interfaces permettent de visualiser les sorties générées par les jobs, donnant ainsi un retour direct sur les erreurs éventuelles et les performances du job.

Il est essentiel pour quiconque souhaite devenir consultant COBOL ou expert en mainframes de comprendre l'importance des abend codes, ces signaux d'erreur critiques qui indiquent un échec d'exécution du job. Les abend codes sont la clé pour diagnostiquer et résoudre les problèmes, aidant les utilisateurs à ajuster leurs instructions JCL pour corriger les erreurs et réessayer le job si nécessaire. Un consultant compétent utilisera ces signaux pour anticiper et prévenir les dysfonctionnements, optimisant ainsi le flux de travail global.

Le succès d'un job, son exécution sans erreur, dépend largement de l'allocation des ressources de calcul et de mémoire. Z/OS s'occupe de la gestion de ces ressources de manière dynamique, s'adaptant aux besoins changeants et aux différentes charges de travail. Cette capacité à gérer efficacement les ressources est cruciale pour maintenir la performance optimale du mainframe, augmentant ainsi sa fiabilité pour gérer plusieurs jobs simultanés.

Enfin, l'exécution de jobs sous z/OS ne se limite pas simplement à la tâche de lancer une série de commandes. Elle requiert une approche concertée qui implique la planification, la vérification et l'optimisation continue des processus. Elle nécessite une vigilance constante, une compréhension éclairée des meilleures pratiques du mainframe, et une anticipation des objectifs à long terme de l'organisation. Un consultant en COBOL compétent utilisera ses compétences pour configurer des jobs qui améliore non seulement l'efficacité de traitement mais qui prépare également le terrain pour une gestion flexible et évolutive des infrastructures IT dans un contexte commercial.

En pénétrant dans le monde des mainframes, vous saisirez combien l'exécution de jobs sous z/OS exige une symbiose efficace d'éléments techniques et stratégiques, ce qui constitue un atout pour les organisations qui cherchent à capitaliser sur cette technologie éprouvée et robuste. Devenir consultant dans ce domaine signifie avoir la capacité de tirer parti des moteurs de cette transformation tout en favorisant l'innovation continue et l'excellence opérationnelle.

Gestion des ressources sur z/OS

Dans l'univers des mainframes, la gestion efficace des ressources est fondamentale pour assurer une infrastructure informatique robuste, fiable et performante. Sur z/OS, la gestion des ressources inclut un ensemble de tâches complexes et interconnectées qui vont bien au-delà de la simple allocation de mémoire ou de la gestion de la CPU. Il s'agit d'assurer l'efficacité globale du système en maximisant l'utilisation des ressources physiques et logiques tout en garantissant une exécution fluide et rapide des processus.

Sur z/OS, la gestion des ressources commence par la compréhension des concepts fondamentaux tels que les espaces d'adressage. Chaque programme ou job qui tourne sous z/OS dispose de son propre espace d'adressage virtuel, une abstraction qui permet non seulement de protéger chaque processus contre les interruptions imputables à d'autres tâches, mais aussi de partager efficacement la mémoire entre les utilisateurs. Le système utilise des techniques sophistiquées de paging, qui permettent de charger en mémoire uniquement les parties essentielles d'un programme ou de données, réduisant ainsi au minimum l'utilisation des ressources physiques.

L'autre composant crucial de la gestion des ressources sur z/OS est le gestionnaire de workloads (WLM). WLM est conçu pour optimiser l'utilisation des ressources matérielles tout en garantissant que les workflows respectent des niveaux de services définis par l'utilisateur. Le WLM surveille continuellement l'activité du système et ajuste dynamiquement les alloué aux applications selon les priorités et les politiques définies par l'administration. Ainsi, il négocie le partage des ressources, en évalue la demande réelle, et réoriente celles-ci pour répondre aux objectifs de performances convenus.

La gestion des fichiers est un autre aspect essentiel de l'administration des ressources sous z/OS. Les systèmes de fichiers, facilitant l'organisation logique des données sur ces vastes réseaux de disques, sont supervisés par le gestionnaire de stockage de données (SMS). L'SMS réduit considérablement le besoin de définir manuellement où et comment les données sont stockées et permet aux administrateurs de se concentrer sur des politiques de haute disponibilité et de performance. Ainsi, les stratégies de gestion des ressources sont continuellement ajustées pour répondre aux besoins changeants du workload et à l'utilisation de la capacité disque, sans compromettre la performance globale du système.

Sur le plan du réseau, z/OS gère les ressources de connectivité via une série de protocoles et d'outils qui assurent un échange de données fiable et sécurisé entre les différents éléments du système. La gestion des ressources réseau sur z/OS est optimisée grâce à une intégration étroite entre l'alimentation réseau, la sécurité des données et la disponibilité de la bande passante. Par exemple, la technologie de clustering est souvent employée pour assurer une répartition homogène du traitement des données réseau, évitant ainsi les goulets d'étranglement.

En outre, la sécurité des ressources est un composant capital du z/OS qui ne peut être dissocié de la gestion globale des ressources. Le système z/OS dispose de nombreuses fonctionnalités conçues pour protéger les données contre les accès non autorisés, garantissant ainsi l'intégrité et la confidentialité des informations stockées ou transitant sur le système. Les contrôles d'accès rigoureux sont constamment régulés par des politiques de sécurité provenant de logiciels de gestion d'identité et d'accès qui sont nativement intégrés dans l'environnement z/OS.

Enfin, la gestion des ressources sous z/OS ne saurait être complète sans mentionner le besoin crucial de maintenir et de planifier la capacité. Les tâches de monitoring du système, souvent confiées à des centres opérationnels, jouent un rôle stratégique en détectant les tendances, en évaluant l'utilisation des ressources, et en ajustant en conséquence les capacités matérielles ou logicielles pour répondre aux futurs besoins opérationnels. Cela inclut une surveillance constante de la consommation de CPU, de mémoire et de stockage, ainsi qu'une collaboration étroite avec les fournisseurs pour l'actualisation ou l'extension des installations matérielles lorsque nécessaires.

En somme, gérer efficacement les ressources sous z/OS présente des défis variés qui nécessitent une compréhension approfondie du système et une stratégie coordonnée pour assurer un équilibre optimal entre performance, coûts, et sécurité au sein de l'exploitation d'un mainframe. Cette gestion intégrée et pro-active des ressources est la pierre angulaire qui permet à z/OS de remplir son rôle de moteur puissant et fiable pour les opérations critiques des grandes entreprises à travers le monde.

Chapitre 4
Se former au COBOL.

Choisir une méthode d'apprentissage

Dans le monde d'aujourd'hui où la technologie évolue rapidement, choisir la meilleure méthode d'apprentissage du COBOL peut sembler une tâche ardue. Cependant, pour ceux qui souhaitent devenir consultant en COBOL, il est essentiel de sélectionner la méthode d'apprentissage qui leur permettra de développer efficacement leurs compétences et d'intégrer rapidement le marché du travail. COBOL, acronyme de COmmon Business-Oriented Language, est un langage de programmation utilisé principalement dans les systèmes mainframes, essentiels pour gérer des transactions, des données et des processus critiques pour les entreprises. Bien que le langage existe depuis les années 1960, sa pertinence dans le secteur bancaire, financier et gouvernemental le maintient à la pointe des opportunités de carrière.

Lorsqu'on envisage d'apprendre le COBOL, l'une des premières considérations est la méthode d'apprentissage qui convient le mieux à notre style d'apprentissage. Certains individus apprennent mieux en écoutant et en discutant, d'autres en lisant ou en écrivant, tandis que quelques-uns ont besoin d'une approche plus pratique. Il est crucial de connaître son propre style d'apprentissage pour maximiser l'efficacité de l'acquisition de nouvelles compétences. Les styles d'apprentissage auditive, visuel ou kinesthésique détermineront le choix entre utiliser des ressources telles que des cours en ligne, des livres, des tutoriels vidéo, ou des ateliers pratiques. Internet est l'un des meilleurs outils pour commencer, avec une pléthore de MOOC (cours en ligne ouverts et massifs), forums et autres plateformes d'échange. De nombreux sites offrent des cours gratuits et payants axés sur le développement en COBOL, permettant un apprentissage flexible et à son propre rythme. Coursera, Udemy et edX, par exemple, proposent des cours dispensés par des professionnels expérimentés et certifiés, qui couvrent à la fois les bases du langage et les applications avancées.

Cependant, pour ceux qui préfèrent l'interaction humaine et le retour immédiat, les cours en présentiel peuvent être plus bénéfiques. Institutions académiques, écoles professionnelles et centres de formation offrent souvent des programmes structurés qui permettent des interactions directes avec des formateurs et d'autres étudiants, favorisant un apprentissage collaboratif enrichissant. Ces cours structurés, tout en demandant plus d'engagement en termes de temps et de déplacement, offrent souvent une approche disciplinée et rigoureuse du développement de nouvelles compétences.

On ne peut sous-estimer la valeur des ateliers pratiques et des projets réels dans l'apprentissage du COBOL. La mise en pratique des connaissances théoriques dans des scénarios réels permet non seulement de consolider ce qui a été appris mais aussi de se faire à l'idée des défis et des opportunités de programmation dans un environnement professionnel. Beaucoup de centres de formation proposent des projets capstone, qui permettent aux étudiants de travailler sur des projets concrets, souvent en collaboration avec des entreprises, pour acquérir une expérience précieuse. Cela peut également constituer un atout majeur dans un CV, car non seulement cela démontre une compréhension pratique du langage, mais cela montre aussi une capacité à l'appliquer dans des situations réelles.

Enfin, il est essentiel de comprendre la pertinence des certifications dans le domaine du développement COBOL. Bien que certaines entreprises valorisent l'expérience pratique plus que les diplômes, avoir une certification reconnue peut valider votre compétence chez des employeurs potentiels. Les certifications non seulement renforcent la confiance des clients et des employeurs dans vos capacités à délivrer des solutions robustes mais offrent aussi une reconnaissance officielle de vos compétences. IBM, par exemple, propose une certification "Mainframe Developer", qui est un sceau de crédibilité pour ceux qui poursuivent une carrière dans le développement mainframe. En conclusion, choisir une méthode d'apprentissage est un processus hautement personnel qui dépend des préférences individuelles, des contraintes de temps et des objectifs professionnels. Un étudiant astucieux saura diversifier ses méthodes pour inclure un mélange de théorie et de pratique, maximisant ainsi l'apprentissage et se préparant efficacement à devenir un consultant COBOL compétent.

Ressources en ligne pour apprendre le COBOL

À mesure que le monde numérique évolue, la nécessité de maintenir et d'optimiser les systèmes hérités reste primordiale. Le COBOL, étant l'un des langages de programmation les plus anciens encore largement utilisés, nécessite une formation continue pour ceux qui souhaitent en exploiter toute la vigueur. Alors que les cours traditionnels et les formations en présentiel peuvent être longs et coûteux, les ressources en ligne pour apprendre le COBOL ont gagné en popularité en raison de leur flexibilité et accessibilité. Ces ressources ont permis à de nombreuses personnes de se lancer dans une carrière en développement COBOL ou de renforcer leurs compétences existantes.

Internet regorge de plateformes d'apprentissage, de sites web dédiés et de didacticiels qui offrent des cours de qualité sur COBOL. L'un des avantages majeurs de l'apprentissage en ligne est la possibilité qu'il offre d'avancer à son propre rythme. Qu'il s'agisse d'un professionnel occupé qui jongle entre plusieurs projets ou d'un étudiant qui équilibre ses études, l'apprentissage en ligne s'adapte à divers styles de vie. Parmi les plateformes d'apprentissage en ligne, certaines se démarquent par la qualité et l'exhaustivité de leur contenu. On peut mentionner Coursera, qui propose des cours dispensés par des universités prestigieuses et permet souvent d'obtenir une certification reconnue après accomplissement. Autres plateformes, comme Udemy et LinkedIn Learning, offrent également des cours variés allant des bases du langage à des applications plus avancées.

Les MOOCs (Cours en ligne ouverts et massifs) sont un autre moyen populaire d'apprendre le COBOL. Ces cours, souvent proposés gratuitement ou à faible coût, attirent des étudiants du monde entier et rassemblent des communautés apprenantes diverses et internationales. Les forums et groupes associés à ces cours offrent une valeur ajoutée non négligeable. Ils permettent aux apprenants d'interagir les uns avec les autres, de partager des solutions à des problèmes de programmation communs, et d'échanger sur les bonnes pratiques dans le développement COBOL.

Pour ceux qui préfèrent un apprentissage plus interactif, les plateformes de codage pratique comme HackerRank et CodeWars intègrent des exercices spécifiquement dédiés au COBOL. Ces exercices permettent de pratiquer la syntaxe unique du langage, de travailler sur des projets concrets et parfois d'affronter d'autres utilisateurs dans des défis de programmation. L'aspect ludique de ces sites peut rendre l'apprentissage du COBOL nettement plus engaging et stimulant que la simple observation de tutoriels vidéos ou la lecture de manuels.

Au-delà de ces plateformes payantes ou semi-payantes, la communauté open source offre également une multitude de ressources pour apprendre le COBOL sans frais. Des initiatives collectives permettent de créer et de maintenir des documents pédagogiques en libre accès, allant de guides pratiques à des manuels en ligne. GitHub, souvent perçu comme le bastion de la collaboration pour les développeurs, est riche en dépôts contenant des exemples de code COBOL, des tutoriels, ou même des cours complets rédigés par des bénévoles passionnés. Contribuer à ces dépôts, même de manière minime, peut également fournir une expérience précieuse et un atout lors de la construction de votre portefeuille professionnel.

Certains blogs spécialisés et forums de discussion sont aussi d'excellentes ressources où des développeurs expérimentés partagent leur savoir-faire et leurs astuces personnelles. La lecture régulière de ces blogs, comme Medium ou Dev.to, permet non seulement de s'instruire sur les principes fondamentaux du COBOL, mais aussi de rester à jour quant aux nouvelles tendances et aux récentes évolutions du langage. Participer activement à ces forums n'est pas uniquement bénéfique sur le plan pédagogique, mais cela vous aide également à vous connecter avec des pairs, potentiels mentors ou même futurs employeurs.

Finalement, bien que les livres papier et les manuels techniques ne soient pas en ligne par essence, leur disponibilité en version numérique en fait des alliés précieux dans votre apprentissage. Des livres électroniques, disponibles sur des plateformes comme Amazon Kindle ou Google Books, peuvent être téléchargés et consultés à tout moment, complétant ainsi superbement votre cursus d'apprentissage en ligne. Un bon équilibre entre lecture systématique et pratique active via des exercices en ligne renforcera vos compétences COBOL de manière globale.

En combinant ces diverses ressources, chaque apprenant peut élaborer un parcours éducatif qui répond spécifiquement à ses besoins et préférences. Que vous préfériez des cours formels avec certification ou un apprentissage autodirigé utilisant des outils variés, les ressources en ligne pour apprendre le COBOL ne manquent pas. Ainsi armé, vous serez parfaitement situé pour imposer votre marque dans l'univers en expansion des développeurs COBOL.

Ateliers pratiques et projets

Pour devenir un consultant COBOL efficace, s'immerger intensivement dans des ateliers pratiques et des projets est une étape cruciale. L'apprentissage théorique du COBOL ne suffit pas à lui seul à faire face aux défis concrets que vous rencontrerez dans le monde du travail, surtout quand il s'agit de travailler avec des systèmes mainframe complexes. L'association de la théorie et de l'expérience pratique permet de solidifier votre compréhension et de développer une réelle expertise dans l'interprétation et la manipulation du code COBOL.

Les ateliers pratiques offrent un environnement contrôlé dans lequel vous pouvez mettre en pratique vos connaissances nouvellement acquises. Ces sessions permettent non seulement de renforcer les concepts appris, mais aussi de développer des compétences supplémentaires qui sont souvent négligées en classe, telles que la résolution de problèmes en situation réelle. Lorsqu'on programme en COBOL dans un atelier, on est souvent confronté aux mêmes types de situations rencontrées dans les systèmes d'entreprise. Par exemple, on peut être amené à travailler sur l'optimisation de la gestion des bases de données ou à pratiquer l'intégration de COBOL avec d'autres langages et systèmes, améliorant ainsi son aisance dans l'environnement hétérogène souvent rencontré dans la réalité professionnelle.

Participer à des projets est un autre moyen extrêmement bénéfique de gagner une expérience pratique. Un projet bien conçu imite les scénarios du monde réel, offrant ainsi une opportunité précieuse pour appliquer ce que vous avez appris. Le développement à travers des projets vous permet d'approfondir des aspects particuliers du langage qui peuvent apparaître plus succincts en théorie. Par exemple, travailler sur un projet qui nécessite l'utilisation de JCL (Job Control Language) avec COBOL force l'étudiant à comprendre comment orchestrer correctement les tâches et les processus sur un mainframe, renforçant ainsi ses capacités à gérer de larges quantités de données de manière optimisée.

Les projets en COBOL peuvent également être réalisés en équipe, ce qui apporte une dimension collégiale essentielle. Travailler avec d'autres permet de partager les connaissances et d'apprendre à aborder des problèmes sous divers angles. Cela vous prépare également à une collaboration efficace dans les grandes entreprises où les systèmes sont souvent gérés par des équipes de développeurs qui doivent coordonner leurs efforts. Les discussions, revues de codes et pairs programming deviennent des pratiques habituelles qui non seulement renforcent l'expertise technique, mais favorisent aussi l'adoption de bonnes pratiques de programmation.

De plus, en vous engageant dans des projets pratiques, vous vous constituez un portefeuille de travaux que vous pouvez ensuite présenter à de potentiels employeurs ou clients. Cela donne un aperçu tangible de vos compétences et de votre capacité à réaliser des tâches complètes d'une manière professionnelle. Ce portefeuille est un atout majeur dans un domaine où la démonstration d'un savoir-faire concret pèse parfois davantage que les certifications académiques.

N'oublions pas que ces projets doivent aussi évoluer au fil du temps. Les systèmes d'information et les besoins des entreprises évoluent et un bon projet doit donc refléter cette évolution. Une manière de le faire est de constamment intégrer de nouvelles technologies et méthodologies, telles que les approches agiles, dans vos projets.

Cela montre non seulement que vous êtes à la pointe des pratiques actuelles, mais aussi que vous êtes proactif dans votre développement professionnel. Les projets qui incluent des éléments de migration ou d'intégration avec des systèmes plus modernes peuvent être particulièrement précieux. Ces situations sont courantes aujourd'hui, avec de nombreuses entreprises cherchant à moderniser leurs systèmes tout en tirant parti de leurs investissements existants dans le code COBOL.

Enfin, il est aussi essentiel de recevoir et d'intégrer les feedbacks sur votre travail pratique. Des mentors ou collègues expérimentés peuvent fournir des retours inestimables qui vous aideront à affiner vos compétences. Les échanges peuvent inclure des critiques sur votre style de code, des améliorations possibles sur l'optimisation des processus ou même des conseils sur la meilleure façon de configurer un environnement mainframe.

Dans l'ensemble, c'est par ces exercices pratiques et ce travail en projet que vous parviendrez à livrer un travail pertinent et qui résonne avec les opportunités présentes sur le marché. C'est ainsi que vous vous ferez une place marquée et respectée parmi les consultants COBOL, en combinant pratique, collaboration, et apprentissages continus, pour vous démarquer dans ce champ professionnel.

Certifications COBOL et valorisation du diplôme

Le choix de se former au COBOL est souvent dicté par la demande croissante de professionnels compétents dans ce langage. Cependant, pour réellement se démarquer et valoriser cette compétence, obtenir des certifications COBOL est un atout indéniable. Les certifications ne sont pas seulement des preuves de connaissance théorique, elles attestent aussi de la capacité à appliquer ces connaissances dans un cadre professionnel souvent extrêmement exigeant. Les certifications en COBOL, bien que moins nombreuses que pour d'autres technologies plus modernes, jouent néanmoins un rôle crucial dans la reconnaissance des compétences d'un consultant.

La reconnaissance officielle apportée par une certification COBOL repose avant tout sur le fait de suivre un parcours d'apprentissage structuré et rigoureux. Ce parcours couvre généralement tous les aspects fondamentaux du langage, des concepts de base aux fonctionnalités avancées, et s'étend même au delà des frontières de la simple programmation pour inclure des connaissances sur l'environnement des mainframes, notamment avec JCL (Job Control Language) et z/OS. Cette connaissance approfondie est essentielle, car le monde des mainframes exige une compréhension intégrée des systèmes sur lesquels le COBOL fonctionne.

Les certifications populaires incluent le "COBOL Programming Certificate" proposé par certaines universités et organisations professionnelles bien établies. Ce type de certification fournit une reconnaissance globalement acceptée par les employeurs potentiels, car leur programme est habituellement conçu en partenariat avec l'industrie pour refléter les besoins spécifiques actuels. Outre cela, il existe des certifications spécifiquement axées sur l'optimisation des programmes COBOL existants ou sur l'adaptation de ceux-ci aux nouveaux besoins technologiques, ce qui est crucial dans un contexte où les systèmes hérités doivent fonctionner en synchronisation avec des technologies plus récentes.

L'acquisition d'une certification est généralement le fruit de mois d'étude et de pratique. De nombreux programmes de certification demandent aux candidats de démontrer leurs compétences à travers des projets pratiques ou des examens rigoureux, préparant ainsi les consultants à des situations réelles rencontrées sur le terrain. Les professionnels certifiés bénéficient également de l'avantage concurrentiel d'appartenir à un réseau actif de diplômés et de professeurs, offrant un soutien continu sous forme de conseils, de ressources ou d'opportunités de collaboration professionnelle.

En termes de valorisation du diplôme, posséder une certification en COBOL joue un rôle significatif dans l'étape critique de la négociation salariale. Grâce à la crédibilité et à la spécificité de la compétence certifiée, un consultant peut justifier une rémunération plus élevée en raison de sa capacité prouvée à surmonter les défis complexes inhérents au maintien et à l'amélioration des systèmes d'information critiques. De surcroît, cette certification renforce la confiance d'un employeur où le risque d'erreur sur des systèmes cruciaux pour l'entreprise peut coûter cher.

Dans le contexte du manque global de développeurs expérimentés en COBOL sur le marché, une certification devient encore plus précieuse. Au vu du vieillissement de la population d'experts COBOL, les nouvelles recrues certifiées sont très recherchées pour occuper les postes vacants ou pour préparer la transition des connaissances. Cette situation crée un contexte de forte demande pour lequel une certification en COBOL fait office de passeport vers de nombreuses opportunités professionnelles.

Enfin, la valorisation de ces certifications ne se limite pas seulement aux gains économiques. Elles permettent aussi d'améliorer la satisfaction professionnelle. Se former et se certifier en COBOL procure une certaine garantie de travail sur des projets d'envergure et de haute responsabilité, souvent au centre des opérations d'entreprises multinationales où la stabilité du système est capitale. C'est dans ces environnements que l'expertise certifiée en COBOL est véritablement mise à l'épreuve, et perçue comme un engagement à long terme pour contribuer à l'efficience et au succès de l'entreprise.

Pour résumé, les certifications en COBOL jouent un rôle pivot dans la structure de carrière d'un consultant. Elles offrent une reconnaissance technique essentielle, permettent de se distinguer dans un marché en pénurie de compétences spécialisées, et ouvrent la porte à des trajectoires de carrière gratifiantes à la fois sur le plan professionnel et personnel.

Chapitre 5
Stratégies pour obtenir un poste de consultant COBOL.

Rédaction d'un CV percutant

Rédiger un CV percutant est une étape cruciale pour tout aspirant consultant COBOL, surtout dans un domaine aussi spécialisé et recherché que celui du mainframe. Le CV est souvent le premier contact qu'un recruteur ou un client potentiel aura avec vous; il est donc impératif qu'il soit convaincant, clair, et qu'il puisse immédiatement transmettre votre valeur en tant que professionnel compétent et adaptable.

Commencez par un résumé professionnel succinct mais impactant. Ce paragraphe d'ouverture doit capturer en quelques phrases vos compétences clés, votre expérience pertinente, ainsi que vos objectifs professionnels. Puisque vous postulez pour un rôle de consultant COBOL, il sera judicieux de souligner votre expertise avec ce langage ainsi que votre familiarité avec les environnements mainframe. Un bon début pourrait inclure votre nombre d'années d'expérience et quelques-uns des projets ou des missions les plus notables sur lesquels vous avez travaillé. Ce résumé agit comme un teaser qui incite le lecteur à plonger plus profondément dans les détails de votre profil.

Ensuite, structurez vos expériences professionnelles de manière à ce qu'elles mettent en lumière vos compétences techniques et votre progression dans l'univers du COBOL. Pour chaque poste occupé, commencez par un intitulé de poste clair suivi du nom de l'entreprise, ainsi que la durée de votre engagement. Décrivez ensuite vos responsabilités et réalisations avec un accent particulier sur les résultats concrets obtenus grâce à votre intervention. Par exemple, au lieu de simplement noter que vous avez "travaillé sur des systèmes COBOL", spécifiez que vous avez optimisé un système de traitement de données critiques, réduisant les temps de processus de 20% et améliorant ainsi l'efficacité globale. Soyez précis et quantifiez vos réussites autant que possible car cela démontre une approche orientée vers les résultats, très prisée des employeurs.

N'omettez pas de mentionner votre formation, notamment si elle inclut des diplômes ou certifications relatifs au développement de logiciels ou à l'informatique en général. Mentionnez également toute formation ou certification spécifique au mainframe ou à COBOL, telles qu'une certification IBM ou toute autre formation continue qui prouve votre engagement à rester à jour dans ce domaine technique en perpétuelle évolution.

Le CV doit inclure une section dédiée à vos compétences techniques, une part essentielle de votre profil en tant que consultant COBOL. Créez un paragraphe qui décrit vos compétences clés en programmation, avec un accent sur le développement COBOL, JCL, et Z/OS. Si vous avez des expériences avec d'autres langages ou systèmes, comme CICS ou DB2, assurez-vous de les mentionner. En outre, prouver votre confort avec des méthodologies modernes comme Agile peut être un atout, tant le besoin d'aligner l'expertise traditionnelle avec des pratiques actuelles est fort.

N'oubliez pas les compétences non techniques, souvent sous-estimées, mais essentielles pour un consultant. Votre capacité à résoudre des problèmes, à communiquer clairement avec différentes parties prenantes, et à gérer des projets complexes avec des délais stricts doit transparaître dans votre CV. Par exemple, vous pouvez intégrer une anecdote brève explicitant comment vous avez mené une équipe à travers une transition technologique, ou comment vous avez permis de libérer des goulots d'étranglement dans un processus de développement.

En guise de cerise sur le gâteau, votre CV doit aussi être visuellement attractif tout en restant professionnel. Optez pour un format propre, avec une police standard et une mise en page aérée qui respecte l'espace blanc. Utilisez des phrases courtes, évitez les jargons excessifs, et corrigez soigneusement toute faute de frappe ou de style. Une présentation soigneusement conçue témoigne de votre sérieux et de votre manière de valoriser les détails, qualité précieuse pour tout consultant.

Enfin, adaptez chaque CV que vous envoyez. Utilisez les mots-clés pertinents trouvés dans l'offre d'emploi ou dans la description du poste de consultant COBOL pour lequel vous postulez. Cela ne signifie pas surenchérir, mais s'assurer que votre CV parle le langage exact que le recruteur ou le logiciel de suivi des candidatures recherche. Avec un CV finement conçu et adapté, vous vous placez dans une position solide à l'entrée de la course pour devenir le consultant COBOL prisé du marché.

Préparation aux entretiens d'embauche

La préparation aux entretiens d'embauche est une étape cruciale pour devenir consultant COBOL. La spécificité de ce langage et l'environnement technique dans lequel il s'inscrit, notamment les mainframes, demandent une préparation rigoureuse et ciblée. Un entretien ne se résume pas simplement à répondre aux questions techniques, il s'agit également de démontrer votre capacité à résoudre des problèmes complexes, votre intérêt pour l'évolution du secteur et votre faculté à vous intégrer dans une équipe professionnelle.

Avant tout, prenez le temps d'étudier le poste et l'entreprise pour laquelle vous postulez. Quel est leur degré d'implication dans les technologies mainframe ? Quelles sont leurs attentes par rapport au langage COBOL ? Ces informations vous aideront à formuler des réponses pertinentes durant l'entretien, en vous concentrant sur les aspects du poste qui vous passionnent et où vous pouvez apporter des contributions significatives.

L'entretien technique constitue une part essentielle de votre évaluation. Familiarisez-vous avec les questions courantes sur les concepts COBOL, JCL, et Z/OS. Pratiquez la résolution de problèmes courants et soyez prêt à expliquer le raisonnement derrière vos solutions. Le but ici est de démontrer non seulement votre compétence technique, mais aussi votre capacité à réfléchir de manière critique sous pression. De plus, discutez avec d'autres professionnels du secteur pour obtenir des indications sur les sujets techniques qui sont souvent abordés, cela pourrait vous donner un avantage précieux.

La compréhension des mainframes et de leur rôle dans le monde moderne est un autre aspect indispensable. Les entreprises s'appuient toujours largement sur ces systèmes pour traiter des transactions volumineuses en toute sécurité et avec fiabilité. Mettre en avant des expériences qui démontrent votre compréhension des opérations sur mainframe peut faire ressortir votre profil. Assurez-vous également d'être à jour avec les avancées récentes et les futures tendances liées au COBOL et aux mainframes, comme leur intégration avec des technologies plus modernes et leur place dans les projets de transformation numérique.

Outre les compétences techniques, l'aspect comportemental de l'entretien ne doit pas être négligé. Les recruteurs cherchent souvent des consultants qui ne se contentent pas de suivre aveuglément les instructions, mais qui sont capables d'innover, de collaborer et de démontrer un leadership dans un environnement dynamique. Préparez-vous à répondre à des questions comportementales qui évaluent votre capacité à gérer le stress, à résoudre des conflits au sein de l'équipe, et à prendre des décisions difficiles.

Simultanément, les compétences en communication jouent un rôle clé. Bien que le travail de consultant suppose une large part de travail individuel, la capacité à partager vos idées de manière claire et concise est fondamentale. En entretien, favorisez des réponses structurées, veillez à articuler vos pensées clairement et assurez-vous d'être compréhensible par des auditeurs non-initiés aux subtilités técnicas du COBOL.

Enfin, les entretiens sont souvent l'occasion d'évaluer la curiosité intellectuelle et l'aptitude à s'adapter à de nouveaux environnements. Montrez que vous êtes prêt à continuer à apprendre et à évoluer avec le secteur. Discutez des certifications récentes ou des cours suivis pour améliorer vos compétences en tant que développeur COBOL. Cela montre non seulement votre engagement envers votre carrière, mais aussi votre enthousiasme pour le domaine.

Dans l'ensemble, pour réussir votre entretien, il est crucial d'adopter une préparation holistique. Utilisez les expériences de vos précédents postes pour illustrer vos compétences, préparez-vous à démontrer une très bonne connaissance des concepts clés et anticipez les questions de savoir-être qui vous permettront de vous distinguer. Grâce à une préparation rigoureuse comme celle-ci, vous vous donnerez les meilleures chances de décrocher le poste de consultant COBOL convoité, tout en mettant en avant à la fois votre expertise technique et votre adaptabilité aux attentes stratégiques de l'entreprise.

Réseautage dans le secteur informatique

Le réseautage dans le secteur informatique, et plus spécifiquement dans le domaine du COBOL, se révèle être une stratégie cruciale pour quiconque aspire à devenir consultant dans ce langage souvent mythifié. Dans un univers où les compétences techniques sont essentielles, il est indispensable de ne pas négliger l'importance des relations humaines. Le réseautage, loin d'être une simple mission de collecte de contacts, est un véritable art qui peut ouvrir bien des portes, parfois insoupçonnées.

Dans le monde technologique en constante évolution, l'établissement de relations solides et mutuellement bénéfiques est la clé pour rester informé et pertinent. Cela se traduit par une participation active à des conférences technologiques, qu'elles soient locales ou internationales, où vous avez l'occasion d'interagir directement avec d'autres professionnels possédant une grande expertise. Ces événements sont non seulement une source d'apprentissage mais aussi une opportunité d'assister à des discussions sur les tendances émergentes qui pourraient influencer votre domaine.

Les meetups et autres réunions informelles organisées par des passionnés du COBOL sont également des lieux idéaux pour rencontrer des professionnels partageant les mêmes intérêts que vous. Ces événements rassemblent généralement des individus de différentes expériences et horizons, favorisant ainsi des échanges d'idées diversifiées et l'établissement de connexions professionnelles authentiques. Le simple fait de discuter autour d'un café avec d'autres spécialistes du COBOL peut non seulement enrichir vos connaissances mais également vous introduire à des perspectives de carrière dont vous n'aviez pas connaissance.

L'immersion dans des communautés en ligne dédiées au COBOL sur des plateformes comme LinkedIn est une autre avenue à explorer. Participer activement à des discussions de groupe, répondre aux questions posées par d'autres utilisateurs, ou encore partager des articles que vous trouvez intéressants, peut vous positionner comme un expert dans votre domaine. LinkedIn, en particulier, se prête bien à cette démarche grâce à sa vocation professionnelle. N'oubliez pas de maintenir votre profil à jour, en y ajoutant régulièrement des détails sur vos expériences actuelles et vos compétences.

Un autre aspect essentiel du réseautage est le mentorat. Rechercher l'accompagnement d'un mentor expérimenté dans le domaine du COBOL peut grandement faciliter votre progression de carrière. Un mentor peut vous guider, partager des ressources précieuses et vous présenter à son propre réseau. À l'inverse, vous pourriez également envisager de mentorer d'autres personnes, ce qui, en plus d'enrichir votre propre expertise, construit une réputation professionnelle positive.

Participer à des contributions open source sur des projets liés à COBOL est une autre manière de se faire un nom dans la communauté. En contribuant à des forums de développeurs, en publiant des correctifs de code ou même en partageant des tutoriels, vous pouvez élargir votre réseau. Ces contributions ne passent pas inaperçues et sont souvent reconnues par les pairs et parfois mêmes par de futurs employeurs potentiels.

Négligez pas non plus la puissance des forums de discussion spécialisés sur des sites tels que Stack Overflow, où partager vos solutions aux problèmes posés par d'autres utilisateurs peut vous conférer une certaine visibilité. Pourtant, il est important de maintenir une approche de réseautage authentique et sincère. Les relations qui se forgent sur la base d'une entraide véritable ne se dissolvent pas et offrent souvent d'importantes opportunités lorsque vous en avez besoin.

Enfin, développez vos compétences interpersonnelles. Dans un monde technique, la capacité à communiquer efficacement en personne est parfois négligée, mais elle peut faire toute la différence dans le cadre professionnel. Que ce soit pour clore un entretien ou pour convaincre un public lors d'une conférence, la maîtrise de la communication interpersonnelle est un atout essentiel. Ainsi, en mélangeant des compétences techniques solides avec un réseau professionnel bien établi, vous vous positionnez idéalement dans le marché relativement restreint mais lucratif des consultants COBOL. Saisir chaque occasion de rénover et d'étendre votre réseau peut mener à des opportunités inattendues, allant de collaborations enrichissantes à des postes convoités dans le monde passionnant des mainframes.

Utiliser les plateformes de recrutement

Pour devenir un consultant COBOL, l'utilisation efficace des plateformes de recrutement peut s'avérer être une stratégie décisive dans la recherche d'un emploi. L'analyse des dynamiques des plateformes de recrutement offre une perspective unique sur la manière dont un candidat peut non seulement se faire remarquer, mais aussi se démarquer dans un secteur où la demande pour les développeurs COBOL pour mainframes est élevée, mais les professionnels qualifiés rares.

Pour commencer, il est essentiel de comprendre comment fonctionnent les plateformes de recrutement. Des sites comme LinkedIn, Indeed, et Glassdoor ne sont pas simplement des moteurs de recherche d'emplois; ce sont des outils interactifs qui peuvent potentiellement transformer une recherche passive en une opportunité active pour les candidats souvent passés inaperçus. La première étape est de créer un profil professionnel qui capte l'attention. Le profil doit clairement communiquer votre expertise dans les technologies COBOL et les environnements mainframe.

Pensez à inclure des projets spécifiques que vous avez menés à bien, des compétences en JCL Z/OS et d'autres langages et outils pertinents. L'utilisation de mots-clés spécifiques à l'industrie du mainframe aide grandement, car beaucoup de responsables du recrutement utilisent ces termes pour filtrer les candidats.

Ensuite, il est crucial de passer du temps à réseauter activement sur ces plateformes. Sur LinkedIn, rejoindre des groupes et des forums axés sur le développement COBOL peut être une excellente ressource non seulement pour trouver de l'inspiration technique mais aussi pour montrer sa présence active dans le domaine. En participant à des discussions ou en partageant du contenu pertinent, vous attirez l'attention non seulement des pairs mais aussi des recruteurs potentiels. N'hésitez pas à initier des conversations avec des leaders du secteur, ou à solliciter des conseils. Un message bien formulé et respectueux peut souvent déboucher sur une opportunité inespérée.

Un autre aspect souvent négligé est l'importance de personnaliser votre expérience utilisateur sur ces plateformes. Configurez des alertes d'emploi pour être informé dès qu'une nouvelle opportunité correspondant à votre profil est publiée. Cela permet non seulement de se tenir au courant des offres d'emploi en temps réel, mais aussi de réagir rapidement à une nouvelle publication, augmentant vos chances de figurer parmi les premiers candidats. Répondre rapidement et efficacement aux nouvelles offres est souvent perçu positivement par les employeurs potentiels, montrant votre dynamisme et votre réel intérêt pour le poste.

Lorsqu'une opportunité est identifiée, l'importance de l'approche personnalisée ne peut être sous-estimée. Lorsque vous postulez via des plateformes de recrutement, prenez le temps de personnaliser chaque candidature. Les lettres de motivation et les messages d'accompagnement doivent démontrer une compréhension approfondie de l'entreprise ciblée, ainsi que de leurs défis potentiels en matière de technologie mainframe. Expliquez comment votre expertise unique en COBOL pourrait apporter une valeur ajoutée précise, et soutenez ces affirmations par des exemples précis tirés de votre expérience antérieure. Un effort ciblé montre que vous n'êtes pas simplement à la recherche de n'importe quel emploi, mais d'une opportunité spécifique qui valoriserait vos compétences uniques.

Bien que ces plateformes soient virtuelles, il est important de se préparer aux défis qui accompagnent l'interaction dans un espace numériquement dense. Une des clés est de bâtir une relation authentique. Évitez les approches agressives et les messages non sollicités répétitifs, qui nuisent souvent à la perception professionnelle. Allez au-delà des seules démarches de candidature, posez des questions, contribuez avec des articles ou des discussions de projects réussis où COBOL a été un levier clé. Cette position proactive crée une perception de vous-même comme d'un consultant sérieux, crédible et désireux d'évoluer et de faire évoluer le secteur.

Enfin, gardez à l'esprit que l'utilisation des plateformes de recrutement va de pair avec une attitude de discipline et d'amélioration constante. Participez à des webinaires ou à des cours en ligne pour perfectionner vos compétences et partagez ces nouvelles connaissances sur votre profil. Montrez que vous êtes engagé non seulement dans le maintien mais aussi dans la croissance de votre expertise. En utilisant intelligemment ces plateformes de recrutement, vous changez la narration de votre parcours professionnel, et chaque interaction devient une étape pour gravir les échelons du monde spécialisé du consulting en COBOL.

Chapitre 6
Le marché du travail
pour les consultants
COBOL.

Analyse des demandes de consultants COBOL

Dans le monde professionnel actuel, où les technologies de pointe et les langages de programmation modernes comme Python et JavaScript captent majoritairement l'attention, le COBOL continue de jouer un rôle crucial, bien que souvent en arrière-plan. Les demandes de consultants COBOL sont en fait plus importantes que ce que l'on pourrait initialement penser. Le langage COBOL, bien qu'ancien, soutient une part importante des systèmes informatiques utilisés par les grandes entreprises, notamment dans les secteurs de la finance, des assurances et de la vente au détail. Pour des entreprises qui s'appuient sur des systèmes mainframe, souvent appelés "Big Iron", le COBOL reste un pilier. En effet, plus de 70% des transactions commerciales mondiales sont traitées au moins partiellement par des systèmes mainframe utilisant du code COBOL. Cette dépendance crée une demande constante pour les experts qui peuvent maintenir, mettre à jour et optimiser ces systèmes.

Malgré l'importance stratégique des systèmes COBOL, le bassin de développeurs compétents dans ce langage vieillit, car beaucoup de ceux qui maîtrisent le COBOL approchent de l'âge de la retraite, et cela crée un vide dans le marché. Par conséquent, il y a un besoin croissant de jeunes professionnels formés pour combler cet écart. Cependant, cela ne s'accompagne pas seulement de postes vacants ; cela entraîne aussi souvent des rémunérations plus élevées et des offres d'emplois plus attractives pour ceux qui possèdent des compétences en COBOL. Les entreprises comprennent que pour maintenir la continuité de leurs opérations, elles doivent investir dans des talents capables de gérer ces systèmes critiques.

L'étude des annonces d'emploi révèle que les consultants COBOL sont fortement recherchés pour des missions de mise à niveau de systèmes, d'intégration de nouvelles fonctionnalités ou dans la migration progressive vers de nouvelles technologies. Le maintien de la compatibilité avec les applications existantes est un autre facteur important expliquant cette demande constante. Lorsqu'un système est aussi intégré dans le fonctionnement quotidien d'une entreprise, la moindre erreur peut entraîner des pertes financières conséquentes. En conséquence, les entreprises préfèrent s'assurer qu'elles ont à portée de main des experts capables de garantir que le fonctionnement reste fluide et sans heurts.

Sur le plan salarial, les consultants COBOL peuvent souvent négocier des rémunérations supérieures à celles des développeurs spécialisés dans des technologies plus récentes, purement en raison de la rareté de leur profil. De plus, les consultants sont fréquemment embauchés sur une base contractuelle, permettant non seulement une certaine liberté d'emploi, mais aussi la possibilité de percevoir une prime de disponibilité. Une entreprise cherchant à sécuriser sa place sur le marché assure des conditions attrayantes pour retenir ces compétences rares. Les entreprises du secteur bancaire et des assurances, en particulier, sont connues pour offrir des salaires compétitifs aux spécialistes en COBOL.

En termes de secteurs qui recrutent ces professionnels, la finance reste à la pointe. De nombreuses grandes banques et sociétés de gestion d'actifs utilisent encore largement le COBOL pour leurs opérations back-end. Les institutions gouvernementales sont également des acteurs majeurs qui recrutent des consultants COBOL. Les systèmes utilisés dans le traitement des paiements, la gestion fiscale, et d'autres fonctions essentielles s'appuient fortement sur ce langage. Le commerce de détail, bien que souvent oublié dans cette discussion, représente une autre industrie qui continue de bénéficier d'un soutien essentiel grâce au COBOL, notamment au niveau des chaînes d'approvisionnement et de la gestion des stocks.

Les perspectives pour les développeurs COBOL sont largement positives. Les experts du secteur prévoient que la demande pour ces compétences restera stable, voire augmentera dans les années à venir à mesure que d'importantes mises à jour seront nécessaires. Les entreprises commencent également à offrir des formations en interne pour former la prochaine génération de développeurs dans ce domaine, ce qui témoigne de leur anticipation concernant la continuité et la viabilité à long terme du COBOL. Les consultants qui investissent dans l'apprentissage des systèmes associées comme JCL ou Z/OS se positionnent de manière encore plus avantageuse sur le marché du travail.

Ainsi, devenir consultant COBOL n'est pas seulement une voie professionnelle viable, c'est un choix stratégique au vu de sa résilience et de son importance continue dans les infrastructures critiques de nombreuses industries. Cette expertise peut offrir sécurité et pérennité, non seulement aux systèmes qu'un consultant gère, mais aussi à sa propre carrière dans un monde numérique en constante évolution."

Salaires et négociation de contrat

Dans le monde des technologies de l'information, le domaine particulier du COBOL est souvent perçu comme une niche en voie d'extinction. Pourtant, être consultant COBOL peut être une carrière financièrement très intéressante, notamment grâce à la rareté croissante des experts en la matière. Les salaires pour ces professionnels sont souvent bien au-delà de la moyenne dans le secteur IT, mais cela dépend en grande partie de facteurs variés tels que l'expérience, la localisation, et les compétences supplémentaires du consultant.

Les salaires des consultants COBOL varient géographiquement. Dans les régions où l'on trouve une concentration élevée de systèmes mainframe, comme dans certaines grandes métropoles ou régions spécifiques d'Amérique du Nord et d'Europe, les salaires ont tendance à être significativement plus élevés. À titre d'exemple, un consultant COBOL peut espérer gagner entre 70 000 et 150 000 dollars par an aux États-Unis, et parfois plus, en fonction de son expertise et du besoin de l'entreprise. L'Europe offre une structure salariale comparable, mais avec des variations considérables d'un pays à l'autre, suivant la demande locale et le coût de la vie. Au-delà du salaire de base, les consultants peuvent bénéficier d'avantages considérables, tels que des primes de performance ou des bonifications pour les déplacements fréquents.

La négociation de contrat est également un art que tout consultant COBOL se doit de maîtriser. Étant donné que les compétences en COBOL sont coincées à la croisée des chemins entre nécessité persistante et raréfaction des spécialistes, cela positionne les consultants de manière avantageuse lorsqu'il s'agit de négocier les termes de leur contrat. Une astuce clé dans la négociation est de mettre en lumière non seulement les compétences techniques, mais aussi la compréhension globale que le consultant a sur le fonctionnement des systèmes mainframe. Montrer une claire capacité à être un atout stratégique pour l'entreprise, en participant non seulement à des tâches de codage mais aussi à l'élaboration de solutions de modernisation et de transition numérique, est un excellent levier pour influencer favorablement les discussions salariales.

De surcroît, il est essentiel pour un consultant COBOL d'être bien informé sur les tendances actuelles du marché pour aligner ses attentes salariales et de contrats en conséquence. Évaluer les besoins incessants des grandes entreprises traditionnelles telles que les banques, les compagnies d'assurance et même certains gouvernements, est crucial, car ces secteurs continuent d'utiliser le COBOL pour leurs systèmes d'opération critiques. Bien souvent, ces entités n'ont pas la volonté ou la capacité d'opérer une transition radicale vers des technologies plus modernes en raison des coûts et des risques potentiels. Ainsi, le consultant qui démontre également une ouverture aux technologies modernes tout en possédant une forte maîtrise du COBOL, se place dans une position enviable de pouvoir peser sur les conditions de ses contrats, ce qui peut inclure non seulement la rémunération financière mais aussi d'autres aspects tels que la flexibilité des horaires, le nombre de jours de télétravail, ou encore les formations continues prises en charge par l'employeur.

En corollaire, il est conseillé pour tout consultant COBOL candidat à de meilleures conditions contractuelles de toujours préparer ses discussions de rémunération avec factuel et discernement. Être prêt à démontrer avec des exemples concrets comment les interventions passées ont permis à l'entreprise d'atteindre ses objectifs commerciaux ou opérationnels est un argument puissant. Ces témoignages de réussite servent à justifier les demandes de rémunération supérieure au taux moyen présenté dans les grilles salariales du marché.

Enfin, dans un marché en pleine évolution numérique, la prévoyance est cruciale. Les consultants COBOL qui prennent le temps de se former constamment, d'adopter des méthodologies modernes et d'élargir leurs compétences au-delà du COBOL, gagneront en habilité à négocier non seulement des contrats plus rémunérateurs, mais aussi à garantir leur pérennité professionnelle en naviguant à travers les changements technologiques inévitables. De ce fait, conserver un œil attentif sur les tendances industrielles et technologiques devient aussi un moyen de se positionner pour le futur, assurant non seulement une rémunération compétitive actuelle, mais une sécurité d'emploi à long terme. Ainsi, l'expertise en tant que consultant COBOL ne repose pas uniquement sur le passé de la technologie, mais aussi sur une anticipation des adaptations nécessaires pour rester indispensable dans le paysage économique.

Les secteurs qui recrutent des consultants COBOL

Les secteurs qui recrutent des consultants COBOL sont diversifiés, reflétant l'importance continue de ce langage dans des domaines clés de notre infrastructure technologique. Bien que le COBOL soit souvent associé à une époque révolue des débuts de l'informatique, il reste, en réalité, fondamental pour plusieurs industries traditionnelles et majeures qui dépendent encore de systèmes hérités fonctionnant principalement sur des mainframes. Ceci est particulièrement vrai dans les secteurs des services financiers, de l'assurance, du commerce de détail et de l'administration publique.

Dans le secteur des services financiers, les banques et les systèmes de traitement des paiements s'appuient lourdement sur les applications COBOL. De nombreuses institutions bancaires continuent d'utiliser ces systèmes en raison de leur fiabilité, de leur robustesse, et de leur capacité à traiter des volumes colossaux de transactions quotidiennes. Par exemple, selon certaines estimations, une grande partie des transactions monétaires mondiales passent encore par des systèmes COBOL chaque jour. Pour les banques, le risque et le coût impliqués dans la mise à jour de ces systèmes pour passer à des solutions modernes peuvent être prohibitifs, ce qui encourage une demande soutenue pour des experts capables de maintenir et d'optimiser ces systèmes existants.

Les compagnies d'assurance constituent un autre secteur où le COBOL est extrêmement présent. Les applications de gestion des polices, ainsi que d'autres systèmes de backend qui calculent les primes, gèrent les réclamations et s'occupent des archives des clients, sont souvent construits en COBOL. Comme pour le secteur bancaire, les systèmes doivent gérer d'énormes volumes de données sécurisées et exige des opérations extrêmement stables sur de longues périodes. Ce besoin de fiabilité et de sécurité continue de stimuler la demande pour des consultants COBOL expérimentés qui peuvent naviguer à travers ces systèmes.

Le secteur du commerce de détail n'est pas souvent associé à des technologies héritées, pourtant de nombreux systèmes logistiques et de gestion des stocks utilisent encore le COBOL. Ces systèmes doivent synchroniser les bases de données de produits, gérer les chaînes d'approvisionnement internationales, et organiser l'expédition et le traitement des commandes pour des milliers de magasins et entrepôts. Ici, le COBOL offre des solutions qui allient efficacité et coût relativement faible en maintenance, surtout face à d'autres plateformes plus modernes qui pourraient nécessiter de lourds investissements pour une transformation numérique complète.

Dans le domaine de l'administration publique, qu'il s'agisse d'organes locaux ou nationaux, l'utilisation du COBOL est répandue. Les organismes gouvernementaux ont souvent historiquement adopté ce langage pour leurs systèmes de gestion financière, de santé publique, de sécurité sociale et pour bien d'autres applications critiques. Beaucoup de ces systèmes sont développés à partir de bases de code anciennes mais essentielles, qui se sont ajoutées au fil des décennies. Le coût de remplacement de ces systèmes à grande échelle, combiné aux contraintes budgétaires inhérentes aux services publics, rend le recours à des compétences spécialisées en COBOL essentiel pour dépanner, maintenir et même moderniser ces systèmes.

La demande pour les consultants COBOL est également renforcée par la tendance au "replatforming" ou la migration progressive vers des solutions hybrides. Plutôt que de remplacer entièrement les systèmes basés sur le COBOL, certains secteurs, convergence d'intérêt et de ressources, préfèrent rénover les systèmes existants avec une architecture moderne tout en intégrant ces applications héritées. Cette méthode peut nécessiter des consultants pouvant non seulement maintenir les systèmes actuels, mais aussi s'approprier les nouvelles technologies, renforçant encore la compétitivité et la demande pour de telles compétences.

Enfin, à l'échelle mondiale, la délocalisation de services d'exploitation et de maintenance informatique vers des pays présentant des coûts moins élevés a permis à plusieurs régions de développer un vivier de talents COBOL prêts à répondre aux demandes de ces secteurs. Par conséquent, le marché du travail pour les consultants COBOL reste dynamique et présente de vastes opportunités pour ceux qui sont prêts à capitaliser sur ce savoir-faire unique et toujours indispensable dans la gestion et l'évolution des infrastructures technologiques héritées.

Prévisions d'avenir et opportunités

Dans un contexte technologique en constante évolution, les prévisions d'avenir pour les consultants COBOL sont à la fois intrigantes et pleines de promesses. Contrairement à l'idée reçue selon laquelle le COBOL est une technologie sur le point de disparaître, il continue de jouer un rôle crucial dans l'industrie. La résilience de COBOL peut s'expliquer par sa stabilité, sa fiabilité et la quantité énorme de systèmes critiques qui reposent sur son code. En effet, la majorité des institutions financières, des agences gouvernementales et des grandes entreprises de distribution continuent d'utiliser des systèmes basés sur COBOL. Cela conduit à une demande persistante pour des consultants capables de maintenir, moderniser et optimiser ces environnements.

Dans les années à venir, cette demande devrait rester forte, voire croître. La raison en est simple : une transition vers de nouvelles plateformes peut s'avérer risquée et coûteuse. Les entreprises préfèrent, dans de nombreux cas, améliorer et moderniser leurs infrastructures existantes. Cela signifie une augmentation des opportunités pour les consultants COBOL de s'investir dans des projets de migration partielle ou de modernisation applicative. Plus encore, la complexité et l'envergure des systèmes actuels garantissent que le besoin de consultants compétents ne va pas disparaître du jour au lendemain. Les organisations continueront d'investir dans des consultants qui possèdent une expertise en COBOL couplée à une compréhension des environnements de mainframe tels que Z/OS, ainsi que des compétences en JCL.

Par ailleurs, une dynamique intéressante qui influence le marché est le départ à la retraite de nombreux programmeurs et développeurs COBOL expérimentés. Cette "vague de départ" crée un vide de compétences qui offre des opportunités significatives pour de nouveaux consultants d'entrer sur le marché. Les entreprises conscientes de l'importance de cette relève multiplient les initiatives de formation et s'ouvrent de plus en plus à de jeunes diplômés ou à des professionnels venant d'autres spécialités IT désireux de se former.

Un autre aspect crucial à considérer est l'essor des projets de digitalisation et de dématérialisation. Paradoxalement, plutôt que de rendre COBOL obsolète, ces projets appellent à une meilleure cohésion entre les systèmes anciens et les technologies nouvelles. Cela amplifie la nécessité d'experts capables de faire le lien entre des environnements technologiques disparates. Les consultants

COBOL qui possèdent aussi des compétences en intégration IT et une bonne compréhension des nouvelles technologies ont un avantage compétitif indéniable. Ils peuvent jouer le rôle de **"traducteurs"** technologiques essentiels dans ces opérations de transformation numérique.

L'avenir proche verra probablement davantage de ces consultants impliqués dans des rôles de conseil stratégique, aidant les entreprises non seulement à maintenir leurs systèmes existants, mais également à élaborer des plans permettant une transition en douceur vers des architectures plus modernes sans perdre la stabilité et la sécurité que COBOL a toujours offert. De plus, avec l'accroissement de la cybercriminalité, les systèmes COBOL, rarement cibles par le passé, doivent aujourd'hui être renforcés pour assurer leur sécurité. Cela ouvre encore une autre voie d'opportunité pour les consultants spécialisés dans la mise en œuvre de protocoles de sécurité avancés sur les anciens systèmes.

Un regard vers l'avenir pour les consultants COBOL révèle donc un tableau largement favorable, rempli d'opportunités pour ceux qui sont prêts à évoluer et adapter leurs compétences en fonction des besoins changeants du secteur. Ceux qui choisiront de se spécialiser ou d'étendre leurs compétences vers des domaines tels que DevOps, la virtualisation et les infrastructures cloud tout en conservant une maîtrise des langages anciens comme COBOL se retrouveront dans une position de force indéniable. Ce panorama prometteur est soutenu par des études de marché qui prédisent que malgré l'émergence constante de nouvelles technologies, la proportion de systèmes critiques et leur complexité croissante garantissent que les consultants COBOL resteront un actif précieux et recherché pendant de nombreuses années encore.

Chapitre 7
Les compétences techniques indispensables.

Compréhension des systèmes d'exploitation

Comprendre les systèmes d'exploitation est une compétence clé pour tout consultant COBOL, surtout quand on travaille principalement avec des mainframes, où le patrimoine logiciel repose souvent sur des systèmes robustes, mais complexes, comme le z/OS. Pour bien appréhender le travail sur ces systèmes, il est crucial de connaître non seulement leur fonctionnement interne mais aussi leur interaction avec d'autres composants technologiques. Le système d'exploitation z/OS, par exemple, n'est pas seulement un simple logiciel fonctionnant en arrière-plan; il est le cœur même des opérations pour de nombreux environnements mainframes.

Le z/OS est construit pour offrir une fiabilité et une sécurité optimale grâce à son architecture mature et robuste. Il est conçu pour gérer des milliers de transactions par seconde, ce qui est crucial pour les entreprises qui traitent de grandes quantités de données en temps réel, comme les banques et les assurés. La compréhension de sa structure repose sur la familiarité avec la gestion de la mémoire, le contrôle des tâches, et les services d'entrée/sortie, aussi connus sous le nom d'I/O. Ces aspects sont essentiels car ils influencent directement les performances et l'efficacité des applications COBOL que vous pourriez créer ou maintenir.

À la base, un consultant doit saisir comment les ressources sont allouées et optimisées au sein de cet environnement. Cela comprend la compréhension du gestionnaire de stockage, qui dynamise la gestion de la mémoire pour maximiser les ressources disponibles tout en assurant la stabilité du système. La connaissance des file systems, tout comme des systèmes de fichiers hiérarchiques, est également essentielle. Ils sont responsables de la manière dont les données sont organisées, stockées et récupérées dans le mainframe. Un des avantages principaux du z/OS est sa capacité à gérer de vastes volumes de données tout en assurant l'efficacité du traitement des transactions, ce qui le rend souvent irremplaçable dans les grandes entreprises.

Un aspect non moins important est le mécanisme de sécurité intégré au z/OS. Le sujet de la sécurité revêt une importance primordiale, en particulier dans les environnements critiques comme les institutions financières. Être capable de configurer et de maintenir la sécurité sur un z/OS demande une maîtrise exhaustive du Resource Access Control Facility, ou RACF, qui est le système de gestion de la sécurité du z/OS. Il contrôle l'accès des utilisateurs et des applications aux ressources système, en s'assurant que celles-ci ne sont accessibles qu'aux entités autorisées. Cela inclut la mise en œuvre de politiques de sécurité appropriées et le suivi des audits réguliers pour garantir que les systèmes demeurent sécurisés contre toute forme de menace.

Le z/OS offre également un environnement multitâche qui permet l'exécution simultanée de plusieurs applications. Cette capacité implique une gestion de file d'attente efficace et un ordonnancement des tâches que chaque consultant doit comprendre pour optimiser les applications et les processus d'affaires. Cela demande une bonne compréhension des priorités d'exécution et de la manière dont elles sont définies et gérées par le système d'exploitation.

De plus, une composante essentielle de l'exploitation de z/OS réside dans l'étude des interfaces, connues sous le nom de Job Control Language (ou JCL), qui facilitent la soumission et la gestion des travaux, des données et des systèmes I/O. Bien comprendre JCL est fondamental car il permet de rationaliser le traitement des tâches et d'optimiser les cycles de traitement batch, un concept vital pour maximiser l'utilisation des ressources.

En fin de compte, maîtriser les systèmes d'exploitation comme z/OS dote un consultant COBOL des outils nécessaires pour non seulement maintenir, mais également améliorer et optimiser les architectures de systèmes existants au sein d'une entreprise. En ayant une connaissance approfondie de la manière dont l'OS gère ses ressources, traite les tâches et applique les mesures de sécurité, un consultant peut fournir des solutions fiables et efficaces. Cette maîtrise est non seulement le fondement pour garantir la pérennité des systèmes mainframes, mais elle permet également de proposer des améliorations qui répondent aux besoins en constante évolution des entreprises modernes.

Maîtrise de JCL et utilitaires associés

La maîtrise de JCL (Job Control Language) est une compétence essentielle pour tout consultant COBOL qui souhaite s'imposer dans le monde des mainframes. JCL est souvent la pierre angulaire de l'environnement Z/OS, au même titre que COBOL est un pilier des applications critiques dans les entreprises. Il sert principalement à décrire les tâches à exécuter sur un mainframe, spécifiant comment un programme doit être exécuté, la focale étant mise sur les ressources nécessaires et les fichiers impliqués dans le processus.

Pour appréhender correctement JCL, il est crucial de comprendre son rôle dans la gestion des tâches de job batch sur les mainframes. Les jobs batch sont des séquences de commandes automatisées permettant le traitement de gros volumes d'information. La structure de base d'un script JCL se compose généralement de trois types d'instructions : JOB, EXEC, et DD. Ces commandes décrivent les paramètres de soumission des jobs, les programmes à exécuter et les fichiers d'inputs ou de outputs.

Le statement JOB définit les critères généraux du travail à

accomplir, tels que les informations d'identification, les priorités de travail, et les conditions d'échec ou de succès. L'instruction EXEC indique quel programme exécuter et transmet éventuellement des paramètres au programme. Enfin, le statement DD (Data Definition) est utilisé pour allouer des ressources, telles que les fichiers ou périphériques, et préciser les spécificités d'accès et de stockage. La maîtrise de ces commandes de base est indispensable car elles constituent la fondation sur laquelle repose l'exécution correcte de tout programme COBOL dans cet environnement.

Outre ces commandes de base, la compétence en JCL implique également la compréhension des utilitaires associés. ISPF (Interactive System Productivity Facility) est un incontournable; il offre une interface utilisateur permettant de créer et gérer des datasets, d'exécuter des programmes et des procédures JCL. Le catalogue d'utilitaires IBM, comme IEBGENER, IDCAMS, ou SORT, fournit des outils puissants pour manipuler les fichiers. IEBGENER, par exemple, est souvent utilisé pour copier ou manipuler des données; IDCAMS, indispensable pour la gestion des fichiers VSAM (Virtual Storage Access Method), permet de créer, supprimer, et gérer les datasets ressortissant à ce type. SORT, quant à lui, est primordial pour le tri et la fusion des fichiers, un processus commun dans le traitement des données critiques.

Une autre compétence cruciale réside dans le dépannage de JCL. Lorsqu'un job échoue, il est important pour un consultant de diagnostiquer rapidement les raisons de cet échec. Le code de retour (Return Code) et les messages de sortie produits par le système offrent des indices précieux. Savoir lire et interpréter ces messages, puis ajuster le script JCL en conséquence, différencie un professionnel efficace d'un débutant. Souvent, ces problèmes peuvent être liés à la non-disponibilité des ressources, à des erreurs de syntaxe dans le JCL, ou à des accès non appropriés aux fichiers nécessaires.

L'expérience pratique dans la soumission, la modification et la gestion des jobs est irremplaçable pour développer ces compétences. De plus, rester à jour avec les évolutions de JCL et des utilitaires associés est fondamental. Tandis que le langage évolue lentement, des mises à jour apportent constamment des améliorations. Une compréhension approfondie de ces évolutions, telles que les spécialisations des instructions EXEC et DD, améliorera la sécurité, l'efficacité et la robustesse des systèmes gérés.

En conclusion, la maîtrise de JCL et de ses utilitaires est non seulement nécessaire à l'exécution optimale des programmes COBOL, mais elle constitue aussi un atout majeur pour jouer un rôle influent dans les opérations des mainframes. Un consultant qui possède cette compétence est capable de traiter les tâches complexes, d'optimiser le flux de travail, et éventuellement d'éduquer et de transformer les équipes autour de lui en les outillant avec les meilleurs pratiques possibles. Cela confère un avantage concurrentiel significatif dans un domaine où les experts en technologies anciennes se raréfient, permettant de se démarquer et d'exceller face à des défis toujours plus complexes.

Interfaçage avec d'autres langages et technologies

Dans le domaine du développement de logiciels, le langage COBOL occupe une place bien particulière, étant encore largement utilisé dans les secteurs des services financiers, des assurances et de la gouvernance. Cependant, pour le développeur moderne désireux de devenir un consultant COBOL accompli, une compétence essentielle réside dans la capacité à interfacer ce langage avec d'autres langages et technologies modernes. La maîtrise de COBOL ne se suffit pas à elle-même. Au lieu de cela, il est crucial d'acquérir une compréhension approfondie de la manière dont COBOL peut interagir efficacement avec d'autres langages de programmation, tels que Java, C++, Python, et les technologies de web services XML et RESTful, pour n'en nommer que quelques-uns.

L'une des raisons principales de cette nécessité réside dans l'évolution de l'architecture informatique moderne qui privilégie de plus en plus l'interopérabilité et l'intégration des systèmes. Les entreprises fonctionnent rarement sur un seul type de système, en particulier celles utilisant COBOL, souvent dans des environnements de mainframe. Ces systèmes centraux doivent se connecter et partager des informations avec plusieurs autres systèmes, qui, bien souvent, sont développés dans des technologies plus modernes. Ainsi, cela nécessite d'intégrer COBOL avec d'autres langages pour garantir une communication fluide entre les systèmes.

Prenons par exemple les services Web, qui sont devenus essentiels pour permettre aux applications de communiquer via Internet de manière sécurisée et efficace. Les services Web XML ou RESTful peuvent être utilisés pour exposer des fonctionnalités COBOL à des applications développées dans d'autres langages comme Java ou Python, élargissant ainsi la portée des applications COBOL. Cela signifie que le consultant COBOL doit posséder suffisamment de compétences pour, par exemple, créer et interagir avec des services Web SOAP en utilisant COBOL, ou consommer des API RESTful, facilitant ainsi l'interaction avec des applications web modernes.

Un défi majeur est d'assurer une compatibilité fluide entre les systèmes COBOL et les nouvelles technologies. Cela requiert une excellente compréhension des objets XML pour pouvoir mapper correctement les données entre les services web et les applications COBOL traditionnelles. Ce processus d'interfaçage est rendu plus complexe par la nécessité de conserver l'intégrité et la sécurité des données durant leur transport. Des compétences en gestion d'erreurs et de transactions au sein de ces environnements hybrides deviennent donc essentielles.

Outre les services Web, une autre compétence cruciale réside dans l'intégration de COBOL avec des bases de données modernes. Bien que de nombreuses applications COBOL existent sur des bases de données DB2 ou IMS, il devient de plus en plus fréquent de les connecter à des bases de données relationnelles modernes comme Oracle, SQL Server, ou encore des bases de données NoSQL. Cela nécessite non seulement une connaissance approfondie du Structured Query Language (SQL), mais aussi une capacité à optimiser les requêtes pour garantir la performance et la scalabilité.

De plus, l'intégration peut également impliquer l'usage de fichiers plat pour l'échange de données avec des systèmes non-COBOL. Il est alors crucial de bien comprendre les utilitaires de conversion de format comme les services de transformation de fichiers plats en XML ou JSON, particulièrement lors de la migration vers des environnements cloud hébergeant des applications développées dans d'autres langages.

Pour réussir ce défi d'interfaçage, il est également nécessaire d'adopter une approche pragmatique face aux technologies émergentes. La compréhension fondamentale des concepts API, ainsi que l'expertise dans les outils open source pertinents pour l'intégration, augmente considérablement l'efficacité d'un consultant COBOL. Assurer une communication harmonieuse entre les systèmes implique souvent d'écrire des plugins, des composants ou des scripts utilisant des langages scripts tels que Python et JavaScript lorsque cela est approprié. Cela améliore non seulement la fonctionnalité de l'application COBOL, mais aide également à alléger le travail des services micro, augmentant par là même l'efficacité des systèmes.

En résumé, pour réussir en tant que consultant COBOL aujourd'hui, exceller simplement dans COBOL ne suffit pas. Il est impératif de développer une connaissance solide des interactions dynamiques entre COBOL et les langages et technologies modernes. Cette compétence d'interfaçage représente non seulement une valeur ajoutée pour la carrière d'un consultant, mais elle répond également aux besoins pressants des organisations qui cherchent à moderniser et à intégrer harmonieusement leurs systèmes existants, assurant ainsi une continuité et une expansion évolutive à long terme.

Intégration de bases de données avec COBOL

Plonger dans le monde du mainframe et devenir un expert COBOL exige une solide compréhension des bases de données relationnelles. L'intégration de bases de données avec COBOL est une compétence cruciale pour les consultants en développement mainframe, car la plupart des systèmes d'affaires complexes s'appuient sur des bases de données robustes pour stocker et gérer d'énormes quantités de données cruciales. COBOL, en tant que langage particulièrement utilisé dans les systèmes transactionnels, doit souvent être intégré à des bases de données pour permettre la manipulation des données nécessaires au bon fonctionnement des applications d'entreprise.

Les bases de données relationnelles comme DB2 pour z/OS, très prisées dans les environnements mainframe, permettent de structurer les informations de manière à optimiser l'efficacité et la cohérence du traitement des transactions. Pour un développeur COBOL, l'interaction avec une base de données relationnelle nécessite une connaissance approfondie du SQL (Structured Query

Language), le langage standard utilisé pour gérer et manipuler les données dans une base de données. SQL et COBOL se complètent efficacement, le premier étant utilisé pour effectuer les opérations de base de données tandis que le second gère la logique de l'application.

L'intégration entre COBOL et SQL se réalise souvent à travers des programmes COBOL-DB2, où le code SQL est explicitement intégré dans le code COBOL à l'aide de structures DESCRIBE, DECLARE et autres requêtes imbriquées pour lire, écrire, modifier et supprimer des données dans la base de données. Cela implique de s'adapter à de nouvelles syntaxes et paradigmes. L'un des aspects essentiels à maîtriser est la gestion des curseurs (cursors) dans SQL, utilisés pour traiter plusieurs lignes de résultats renvoyées par les requêtes SQL. Un curseur vous permet d'itérer sur les résultats dans un environnement CODSS, en combinant traitement transactionnel instantané et opérations en lots.

Les développeurs doivent également comprendre comment les transactions sont gérées dans l'environnement COBOL, assurant que les modifications, une fois effectuées dans une base de données, peuvent être validées ou annulées en toute sécurité. La gestion efficace des transactions est essentielle pour garantir l'intégrité des données. La commande COMMIT pour valider les transactions et ROLLBACK pour les annuler en cas d'erreur sont des opérations critiques pour un fonctionnement fluide dans les environnements mainframe où l'exactitude et la précision des données sont primordiales.

Travailler avec des bases de données dans un environnement mainframe nécessite également une solide compréhension des concepts comme la récupération d'ensembles de données, l'optimisation des performances via les index, et la capacité de diagnostiquer et résoudre les erreurs grâce aux messages de diagnostic SQL. Cela nécessite un mélange de compétences pratiques tirées de l'expérience directe, ainsi que de solides fondations théoriques sur la façon dont les données sont structurées et optimisées dans un système.

Pour se démarquer en tant que consultant COBOL, il est important d'être proactif et continuellement au fait des dernières évolutions. L'appréciation du modèle de données logique ainsi que des structures physiques des tables dans les bases de données est essentielle pour la conception de programmes efficaces aussi bien en performances qu'en lisibilité. Rester au courant des nouvelles versions de DB2 et comprendre les nouvelles fonctions et améliorations apportées au SQL, en particulier celles visant à mieux intégrer COBOL, peut offrir des avantages considérables sur le marché du travail.

La sécurité des données est un autre aspect essentiel de l'intégration des bases de données avec COBOL. Les consultants doivent maîtriser les politiques d'accès aux données et comprendre les meilleures pratiques pour sécuriser les données au repos comme en transit. Ils doivent également être capables d'analyser les besoins de performance et d'optimiser les requêtes SQL pour réduire la latence, ce qui est crucial dans les applications à haute fréquence de transactions où chaque milliseconde compte.

Avec la montée en puissance des bases de données NoSQL et l'intégration croissante des technologies modernes avec les systèmes HL7, les consultants COBOL doivent également être ouverts à l'apprentissage continu et à l'adaptation de leurs compétences pour inclure une éventuelle intégration de ces technologies avec les systèmes COBOL existants. Finalement, être en mesure de fournir un soutien et une formation d'accompagnement sur ces intégrations est une valeur ajoutée significative lors de missions de conseil, garantissant que les organisations peuvent tirer pleinement parti de leurs investissements technologiques.

Chapitre 8
Développer des soft skills en tant que consultant.

Communication efficace avec les clients

Être un consultant COBOL efficace ne se résume pas uniquement à posséder une connaissance approfondie et une maîtrise technique des systèmes mainframe, du JCL ou du z/OS. La compétence technique, bien qu'essentielle, n'est qu'une partie de l'équation. Une autre composante, souvent négligée mais tout aussi cruciale, est la capacité à communiquer efficacement avec les clients. Une communication efficace avec les clients implique bien plus que de simples échanges d'informations ou de répondre à des demandes. Il s'agit de bâtir une relation de confiance et de compréhension mutuelle qui permet à toutes les parties de travailler ensemble dans le respect et l'efficacité.

Pour commencer, la première étape vers une communication réussie avec les clients est de comprendre profondément leurs besoins et attentes. Cela exige une écoute active, où l'on ne se contente pas de prêter une oreille distraite, mais où l'on s'efforce réellement de comprendre les préoccupations et les objectifs du client. En tant que consultant, il est fondamental de poser les bonnes questions : celles qui clarifient leurs attentes et qui vous permettent de cerner exactement ce qu'ils espèrent atteindre grâce à vos compétences en COBOL. Ce que vos clients veulent, c'est une solution, pas de la terminologie technique ; c'est pourquoi il est primordial de présenter vos propositions et analyses dans un langage compréhensible et accessible, sans recourir à un jargon technique qui pourrait créer une barrière de compréhension.

Au-delà de l'écoute et de la clarification des attentes, la transparence est une autre dimension critique de la communication avec les clients. Cette transparence s'exprime à travers la franchise sur ce que l'on peut accomplir, les limites du projet, et les défis qui pourraient se poser au cours de sa réalisation. Les consultants doivent éviter la tentation de promettre plus que ce qu'ils peuvent réellement fournir. Les clients respectent et apprécient davantage la sincérité dans le discours, même si cela signifie admettre une ignorance temporaire ou la nécessité de recherches supplémentaires. Une communication transparente renforce la confiance, ce qui fait d'elle un atout commercial précieux pour toute prestation de service, y compris la consultation en technologie d'information.

Un autre aspect vital dans la communication avec les clients est le suivi régulier et les mises à jour de l'avancement. Les clients, surtout dans un contexte où les technologies telles que COBOL peuvent sembler opaques, ont besoin d'être informés de l'évolution des projets régulièrement. Ces points de contact ne doivent pas être perçus comme des obligations, mais comme des opportunités d'engagement et de renforcement des relations. En partageant les progrès, en soulignant les réalisations et en abordant les obstacles avec une optique de solutions, vous contribuez à instaurer un climat de collaboration productive.

Les consultants devraient également prendre soin d'adapter leur style de communication aux préférences de leurs clients. Certains favorisent les communications par e-mail détaillées, tandis que d'autres préfèrent des discussions en personne ou via des appels visuels. La flexibilité dans votre approche montre non seulement que vous respectez le mode de fonctionnement de vos clients, mais cela témoigne aussi de votre engagement à rendre la collaboration la plus efficace possible.

Enfin, communiquer efficacement avec les clients implique d'avoir conscience du contexte culturel et organisationnel dans lequel vos clients opèrent. Les méthodes de communication et les attentes varient grandement d'une organisation à l'autre et d'une culture à l'autre. En ajustant votre approche en fonction de ces paramètres, non seulement vous démontrez votre compétence en tant que consultant, mais vous améliorez également la qualité de vos interactions, ce qui peut se traduire par une collaboration plus fructueuse et durable.

En somme, la communication efficace avec les clients en tant que consultant COBOL repose sur une écoute attentive, une transparence audacieuse, un suivi rigoureux, une adaptation flexible et une sensibilité culturelle. Chacun de ces éléments joue un rôle distinct et critique dans l'établissement et le maintien de relations solides avec vos clients, facilitant ainsi votre succès et celui de vos projets.

Gestion de projet et travail en équipe

Lorsqu'on devient consultant COBOL, la gestion de projet et le travail en équipe sont des compétences essentielles à développer pour garantir le succès à long terme. Dans un environnement où l'on doit souvent jongler avec plusieurs projets à la fois, comprendre et appliquer de bonnes pratiques de gestion de projet est primordial. Cela commence par une compréhension claire de l'ensemble des objectifs du projet. Il est crucial de ne pas seulement saisir les spécificités techniques d'un projet, mais aussi les besoins stratégiques et opérationnels de l'entreprise. Cette compréhension permet de définir des solutions qui s'alignent avec la vision et les attentes du client, tout en respectant les contraintes budgétaires et temporelles.

Un bon consultant doit être en mesure de planifier efficacement le projet dès le début. Cela implique d'établir un plan de projet clair, avec des jalons définis, des délais réalistes et des allocations de ressources adéquates. Planifier le projet de manière détaillée permet non seulement d'identifier les défis potentiels en amont, mais également de prévoir des stratégies alternatives, qui peuvent être mises en œuvre si des imprévus surviennent. Par ailleurs, l'adaptabilité est une qualité essentielle pour tout gestionnaire de projet. Dans les environnements dynamiques des mainframes COBOL, des changements de priorités peuvent survenir de manière impromptue. Être agile et réactif face à ces changements, tout en maintenant le cap initial du projet, est une compétence qui s'acquiert et se perfectionne avec l'expérience.

Travailler efficacement en équipe constitue l'autre pilier de cette compétence. Le monde du développement et de la consultance informatique repose sur le travail collaboratif. Même si votre spécialité en tant que consultant COBOL vous place souvent dans une position d'expert honnête, il est indispensable d'assurer une communication continue et transparente avec tous les membres de l'équipe. Chacun possède des responsabilités spécifiques et des perspectives uniques qui enrichissent l'ensemble du processus. Cultiver un environnement où les opinions et suggestions sont les bienvenues est essentiel pour le succès collectif. En tant que consultant, contribuer activement à ce type d'environnement signifie ne pas seulement donner des directives, mais aussi être ouvert à recevoir des feedbacks, échanger des idées et participer à des discussions constructives.

De plus, il est important de se familiariser avec différents outils de gestion et méthodes de développement collaboratif tels que Agile et SCRUM, qui sont de plus en plus adoptées dans la gestion de projets. Ces approches permettent une grande flexibilité et encouragent l'itération fréquente, favorisant ainsi une dynamique d'amélioration continue. Intégrer ces méthodes dans votre quotidien de gestion de projet peut transformer la manière dont les équipes travaillent ensemble, en les rendant plus cohérentes et plus efficaces.

L'autre aspect crucial est la gestion des conflits et la résolution de problèmes entre membres de l'équipe. Des tensions peuvent inévitablement surgir dans toute collaboration humaine. Toutefois, les tensions ne doivent pas être perçues de manière négative; elles peuvent souvent déboucher sur des solutions innovantes et une dynamique de groupe plus forte, lorsqu'elles sont gérées correctement. En tant que consultant, jouer le rôle de médiateur, équipé des compétences interpersonnelles et émotionnelles nécessaires pour faciliter les discussions, est d'une importance capitale.

Finalement, il est aussi recommandé de se former continuellement et de s'informer sur les nouvelles tendances en matière de gestion de projet et de travail d'équipe. L'apprentissage ne s'arrête jamais dans le domaine informatique, et rester à la pointe des innovations vous permettra d'optimiser votre manière d'appréhender les projets. Utiliser des plateformes de e-learning, assister à des conférences spécialisées, et lire des études de cas réelles enrichira votre savoir-faire et augmentera votre capacité d'adaptation. Ces efforts continus témoignent de votre engagement envers l'excellence professionnelle et vous aident à vous démarquer dans le monde compétitif de la consultance COBOL.

Ainsi, grâce à une gestion de projet efficace et une approche collaborative renforcée, un consultant COBOL est bien équipé pour répondre avec succès aux défis de l'industrie, et en même temps, pour faire avancer sa carrière vers de nouveaux sommets.

Résolution de problèmes techniques

Dans le monde du développement logiciel et du domaine du

consulting, la résolution de problèmes techniques est une compétence essentielle qui exige bien plus que la simple capacité à coder. En tant que consultant COBOL, vous serez confronté à des défis uniques liés non seulement aux technologies des mainframes et à la programmation JCL Z/OS, mais aussi aux attentes de vos clients. Savoir aborder les problèmes techniques de manière méticuleuse et structurée est ce qui vous permettra de vous démarquer dans ce domaine de niche et garantit un impact durable sur vos projets.

D'abord, il est primordial de développer une compréhension claire et approfondie du problème à résoudre. Cela signifie non seulement se plonger dans le code COBOL mais aussi saisir les implications commerciales et techniques de la situation. Prenez le temps d'échanger avec l'équipe et les parties prenantes pour bien cerner le problème sous tous ses angles, ainsi que pour bien comprendre le résultat souhaité. Cette étape initiale de consultation est cruciale car elle pose les bases pour la suite du processus de résolution. En adoptant une approche collaborative, vous vous assurez que toutes les perspectives sont prises en compte et que les solutions proposées seront alignées avec les objectifs de l'entreprise.

Ensuite, il est essentiel de faire preuve d'esprit critique et d'éthique professionnelle. Un bon consultant ne saute jamais sur la première solution venue. Au contraire, il évalue diverses approches possibles. La méthodologie que vous choisissez devrait être guidée par une analyse logique et rigoureuse. Avec COBOL, souvent associé à des systèmes hérités, une connaissance approfondie de l'architecture générale et des restrictions des systèmes mainframe est indispensable. Vous devriez donc être à l'affût de toute information contextuelle pouvant influencer le choix de la méthode à adopter. Parfois, la solution la plus innovante n'est pas la plus appropriée si elle ne couvre pas les contraintes spécifiques des systèmes mainframe ou si elle s'avère inefficace par rapport au coût.

La capacité à rester serein et méthodique sous pression est aussi d'une importance capitale. Les environnements mainframe sont souvent critiques pour les entreprises, traitant des volumes importants de transactions financières et de données essentielles. Les délais peuvent être compressés et les pressions élevées pour minimiser les temps d'arrêt et garantir le bon déroulement des opérations. En tant que consultant, il vous faudra rester calme et penser clairement même lorsque les délais serrés ou la complexité technique menacent d'embrouiller votre jugement. Prendre le temps nécessaire pour identifier les causes profondes des problèmes technique est préférable à utiliser des solutions temporaires qui pourraient engendrer d'autres complications à l'avenir.

De plus, dans ces situations, il est avantageux d'être un apprenant tout au long de la vie. L'environnement technologique est en constante évolution, même dans le monde stable mais complexe des mainframes. Investissez du temps dans votre croissance professionnelle pour rester au courant des dernières meilleures pratiques, outils de diagnostic et techniques de programmation liés à COBOL et aux systèmes mainframe. Participer à des forums, des conférences et des groupes de développement professionnel peut vous offrir des perspectives nouvelles que vous pourrez appliquer à vos projets. L'accès à une communauté professionnelle active vous permet également de tirer parti des expériences d'autrui pour enrichir et affiner vos compétences en résolution de problèmes.

Enfin, il est crucial de rappeler que la documentation est votre alliée. Chaque fois qu'un problème est résolu, notez précisément ce qui a été fait, pourquoi ces décisions ont été prises et comment elles ont été mises en œuvre. Ces informations ne sont pas seulement utiles pour vous comme outil d'apprentissage, elles sont également précieuses pour les équipes futures qui pourraient travailler sur le même système ou résoudre des problèmes similaires. La documentation contribue à assurer la pérennité des systèmes et à éviter de commettre à nouveau les mêmes erreurs.

En somme, la résolution de problèmes techniques en tant que consultant COBOL exige un mélange de compétences techniques et comportementales. Une compréhension solide du système en question, combinée à une capacité d'analyse rigoureuse et à un engagement envers l'apprentissage continu, vous équipera pour relever avec succès les défis inhérents à cette profession. En naviguant avec méthode et clarté à travers les tempêtes techniques, vous établissez non seulement votre crédibilité mais évoluez également vers des solutions durables et solides qui renforcent les systèmes que vous servez.

Gestion du temps et des priorités

Dans le monde du développement et de la consultance, la gestion du temps et des priorités est cruciale pour le succès professionnel. Savoir gérer son temps avec efficience permet non seulement de respecter les délais mais aussi d'assurer une qualité optimale dans le travail livré. En tant que consultant COBOL travaillant sur des projets souvent complexes et de longue durée, vous serez confronté à la nécessité de jongler entre diverses tâches tout en optimisant votre productivité.

La première étape vers une gestion efficace du temps commence par une compréhension claire de vos priorités. En tant que consultant, vous devez être en mesure d'évaluer quels projets ou tâches requièrent une attention immédiate, lesquels peuvent être délégués, et ceux qui, tout simplement, pourraient être reportés sans impact majeur. Pour cela, une communication ouverte et efficace avec vos clients pour clarifier leurs besoins et attentes est primordiale. Ce n'est qu'en ayant une vision précise de leurs priorités que vous pourrez ajuster la vôtre.

Une fois vos priorités identifiées, il est essentiel de planifier votre temps avec soin. Créer un calendrier détaillé, comportant non seulement vos grandes échéances mais aussi les tâches intermédiaires à réaliser au quotidien, vous aidera à conserver une vue d'ensemble et à éviter d'être submergé. De nombreux outils numériques, allant des gestionnaires de tâches aux logiciels de planification de projet, peuvent vous assister dans cette démarche. Cependant, la clé reste de choisir un système qui vous convient réellement et que vous êtes prêt à utiliser de manière systématique.

La capacité à gérer son temps repose aussi sur votre aptitude à vous concentrer sur une seule tâche à la fois, tout en restant flexible. Bien que le multitâche puisse sembler être un atout dans certains milieux professionnels, il est souvent synonyme de dispersion de l'attention et de baisse de la qualité du travail rendu. En développant la concentration, vous augmenterez la profondeur et l'efficacité de votre travail, tout en réduisant le stress associé aux échéances imminentes. Cependant, l'environnement technologique actuel exige aussi une certaine dose de flexibilité. Les projets COBOL, notamment sur des plateformes mainframe, sont souvent soumis à des délais stricts et à des changements inattendus. Être prêt à réévaluer vos priorités et à réorganiser votre programme en fonction des nouvelles exigences est une compétence précieuse.

La gestion du temps s'accompagne aussi souvent d'une compréhension fine des paramètres de chaque tâche. Cela signifie savoir combien de temps consacrer à chaque projet de manière réaliste. Une estimation erronée des durées peut entraîner des retards et une surcharge de travail. Pour cela, une expérience accumulée au fil des années vous permettra de mieux anticiper le temps requis pour chaque tâche. Cependant, même les consultants expérimentés peuvent être pris au dépourvu. Ainsi, il est toujours prudent d'inclure des marges de manœuvre dans vos évaluations de temps.

La gestion du temps efficace inclut nécessairement la gestion des interruptions. Dans le cadre des consultants indépendants, celles-ci peuvent provenir aussi bien de sollicitations professionnelles imprévues que de distractions personnelles. Le fait de structurer votre journée avec des périodes de travail concentré et des pauses programmées peut vous aider à minimiser les effets perturbateurs de ces interruptions. Par exemple, la technique dite "Pomodoro" où le travail intense est alterné avec des pauses courtes, peut être un moyen efficace de maintenir une concentration intense tout au long de la journée.

Enfin, la réussite de la gestion du temps passe par une capacité à apprendre de ses erreurs et succès passés. Un bilan régulier de vos pratiques de gestion du temps vous permettra d'identifier ce qui fonctionne et ce qui mérite d'être amélioré. Analysez votre emploi du temps pour discerner les moments où vous étiez le plus productif et les raisons sous-jacentes. Comprendre vos pics de productivité vous aidera à planifier vos tâches en conséquence, maximisant ainsi l'efficacité.

En conclusion, maîtriser l'art de la gestion du temps et des priorités est indissociable du succès du consultant COBOL. Cela nécessite une combinaison de planification stratégique, de flexibilité en réponse aux changements, de capacité de concentration et de reconnaissance des limites personnelles. En sachant où et comment investir votre temps, vous serez sur la bonne voie pour livrer un travail de grande qualité tout en maintenant un équilibre sain entre les ambitions professionnelles et la vie personnelle.

Chapitre 9
Les outils et environnements de développement.

Overview des IDE pour COBOL

Parlons ici de l'un des aspects fondamentaux du travail de développement en COBOL : les environnements de développement intégrés, ou plus simplement, les IDE. Ces outils sont le cœur battant pour quiconque aspire à devenir un consultant expert en COBOL, car ils facilitent considérablement le processus de programmation, d'édition, de compilation, et de débogage. Cependant, avant de plonger dans le détail des différents IDE disponibles, il est important de comprendre le rôle crucial que ces outils jouent dans l'ensemble du workflow de développement.

Typiquement, un IDE pour COBOL offre une suite intégrée de fonctionnalités qui aident à accélérer le processus de développement. Cela inclut des éditeurs de code avancés qui prennent en charge la coloration syntaxique, l'auto-completion et la mise en évidence des erreurs, des compresseurs intégrés, ainsi que des outils de debug puissants qui permettent aux développeurs de dresser la liste et de corriger les bogues dans leur code de manière plus efficace. Les IDE modernes, conçus pour être adaptés au développement COBOL, offrent également des fonctionnalités de gestion de version, qui sont essentielles lorsque l'on travaille au sein de grandes équipes où plusieurs développeurs travaillent sur le même projet.

Un des environnements les plus populaires et largement utilisés est IBM Developer for z/OS, anciennement connu sous le nom de IBM Developer for z Systems. Cet IDE fournit une intégration étroite avec les mainframes z/OS, ce qui facilite grandement le développement et le déploiement de programmes COBOL. Il offre une interface utilisateur moderne qui permet aux développeurs de travailler tant dans un environnement de ligne de commande traditionnel que dans une interface graphique agréable. De plus, il exploite la puissance des systèmes z/OS pour doper les performances des applications. Le support pour les langages multiples, y compris COBOL, PL/I, et Assembleur, ajoute une dimension de flexibilité pour les équipes qui travaillent sur des projets complexes et variés.

Un autre outil notable est Micro Focus Enterprise Developer. Ce logiciel est reconnu pour sa capacité à doter les développeurs COBOL d'un environnement robuste qui combine assignation simplifiée, débogage visuel, et puissants outils d'analyse de code. La compatibilité de ce logiciel avec différentes plateformes, y compris Windows et Linux, en fait une option polyvalente pour les développeurs qui souhaitent maintenir un environnement de développement homogène. En plus, Micro Focus permet une transition en douceur des développeurs grâce à ses interfaces utilisateur ergonomiques qui se calquent souvent sur celles des outils de développement plus modernes. Le but ultime est d'encourager une adoption rapide et facile par les personnes habituées aux environnements modernes, tout en leur apportant les outils nécessaires à la gestion de projets COBOL classiques.

Murex, avec son intégration facilitée, est aussi un autre membre notoire du cercle des IDE COBOL. Touchant essentiellement le développement d'applications bancaires et financières, Murex fournit des solutions pour les institutions souhaitant gérer efficacement des mandats financiers complexes associés. Cet outil est particulièrement connu pour son aptitude à offrir un environnement modulaire qui peut être adapté aux besoins spécifiques de chaque projet. Utilisé par nombre de grandes institutions, Murex exige néanmoins une courbe d'apprentissage plus élevée, souvent justifiée par ses puissantes capacités de personnalisation et de gestion de projet en temps réel.

Chacun de ces environnements présente un ensemble d'avantages distincts et ciblés, rendant crucial le choix de l'outil en fonction des besoins spécifiques de chaque entreprise, projet ou équipe de développement. L'expertise dont bénéficie un consultant COBOL repose donc en partie sur sa capacité à maîtriser plusieurs [si ce n'est pas tous] ces environnements de développement, afin de conseiller et de diriger des équipes sur le meilleur chemin à suivre.

Il est fondamental de se maintenir informé sur les évolutions de ces outils, car l'avancée technologique ne cesse jamais d'améliorer et d'affiner la manière dont nous concevons et développons des logiciels mainframe. Souplesse, adaptabilité, et connaissance approfondie des plateformes sont donc les maîtres mots de qui souhaite réussir dans cette voie exigeante mais gratifiante du développement COBOL. Ces IDE continuent d'évoluer avec l'intégration de nouvelles technologies comme le cloud, ce qui ouvre de nouvelles perspectives pour les développeurs et signe une ère où l'héritage et l'innovation sous mainframe s'accordent parfaitement. Ainsi, tout consultant COBOL soucieux de se démarquer doit bien connaître l'univers des IDE et savoir en tirer le meilleur parti pour optimiser ses développements.

Utilisation d'outils de débogage

Dans le domaine du développement COBOL, surtout lorsqu'il s'agit de mainframes et d'environnements complexes comme Z/OS, l'utilisation d'outils de débogage efficaces est essentielle pour assurer la qualité et la performance des programmes. Les outils de débogage pour COBOL vous permettent de localiser et de corriger les erreurs de logique, d'identifier les fuites de mémoire et d'optimiser le code pour de meilleures performances. Étant donné l'importance des applications critiques commerciales qui fonctionnent sur COBOL, un débogage minutieux n'est pas seulement recommandé ; il est indispensable.

Un des outils de débogage les plus populaires dans le monde du COBOL est IBM Debug Tool pour z/OS. Cet outil offre une interface graphique qui permet aux développeurs de suivre le flux de leur programme, d'inspecter et de modifier les variables, et de visualiser les chemins de contrôle. Un bon débogueur doit être capable de gérer efficacement les points d'arrêt, permettant aux développeurs de mettre en pause l'exécution du programme à un moment critique pour examiner l'état du programme. Avec IBM Debug Tool, les développeurs peuvent non seulement activer ou désactiver des points d'arrêt, mais aussi définir des conditions spécifiques pour qu'un point d'arrêt soit activé, ce qui est utile pour isoler les conditions particulières qui provoquent des erreurs.

En plus de suivre l'exécution, un débogueur efficace doit offrir des options pour la visualisation des données. Le Debug Tool d'IBM permet aux développeurs de voir les structures de données dans leur programme COBOL en format clair, rendant plus facile l'identification des données incorrectes. Cela est essentiel pour les environnements mainframe où les structures de données peuvent être complexes et cachées derrière plusieurs couches d'abstraction. De plus, la modification des valeurs de données "à la volée" dans le débogueur peut être une aide inestimable pour tester différents scénarios sans devoir arrêter et redémarrer le programme.

Également, il est important de choisir un outil de débogage qui s'intègre bien avec votre IDE ou environnement de développement intégré. Par exemple, si vous utilisez Visual Studio Code avec des extensions COBOL, chercher un débogueur qui s'intègre dans ce flux de travail vous permettra d'augmenter votre productivité de manière significative. Certains outils modernes proposent même une intégration avec des outils de versionnage de code comme Git, ce qui peut être particulièrement utile pour suivre les modifications apportées lors du débogage.

Il ne faut pas non plus négliger l'importance de l'automatisation dans le processus de débogage. De nombreux outils modernes permettent aux développeurs d'écrire des scripts qui automatisent les processus de test et de débogage, réduisant ainsi le temps nécessaire pour identifier et corriger les erreurs. Cela est particulièrement utile dans des environnements complexes où le passage d'une étape de traitement à une autre peut être long et complexe. Le recours à des scripts de débogage prédéfinis peut également aider lorsque l'on travaille en équipe, car il assure que tous les membres suivent les mêmes procédures pendant le débogage.

Enfin, à mesure que les technologies évoluent, de nouvelles fonctionnalités comme le débogage en temps réel et l'analyse prédictive commencent à apparaître dans les outils de débogage pour COBOL. Ces technologies promettent de révolutionner la façon dont les développeurs abordent le débogage en offrant des perspectives prédictives sur les erreurs potentielles avant qu'elles ne se produisent. Bien que l'usage de ces technologies soit encore en développement pour le COBOL, il est important de rester informé sur ces avancées afin de pouvoir les intégrer rapidement dans vos pratiques de débogage lorsque cela devient viable.

En conclusion, l'utilisation des outils de débogage pour COBOL n'est pas seulement un élément crucial de la vente du service de consultant, mais c'est aussi une compétence indispensable pour maintenir un niveau de qualité et de performance élevé dans vos projets. Le choix et la maîtrise de ces outils assurent non seulement que vous pouvez répondre efficacement aux besoins de vos clients, mais aussi que vous vous démarquez dans un secteur où l'expertise est rare mais fortement demandée.

Automatisation des tâches avec des scripts

L'automatisation des tâches avec des scripts est une compétence essentielle pour les consultants COBOL modernes, surtout lorsqu'il s'agit de gérer de vastes systèmes sur mainframes. Se concentrer sur cette compétence permet non seulement d'améliorer l'efficacité opérationnelle mais aussi de réduire le risque d'erreurs humaines dans le développement et la maintenance des programmes COBOL. Dans le cadre d'un environnement complexe tel que Z/OS, l'utilisation de scripts est essentielle pour automatiser des tâches répétitives comme les compilations, les déploiements, et même les tâches administratives quotidiennes.

Premièrement, il est crucial de choisir le bon outil de script en fonction de l'environnement dans lequel on travaille. Sur les systèmes mainframes, REXX est souvent employé en raison de sa puissance et de sa capacité à interagir avec d'autres outils sur le système. REXX est un langage de programmation polyvalent qui permet de créer des scripts clairs et bien structurés. En effectuant des tâches telles que la manipulation de fichiers, la gestion des processus, et l'interaction avec le système d'exploitation Z/OS, les consultants peuvent automatiser des processus qui nécessiteraient sinon beaucoup de temps et d'efforts manuels.

Un exemple de tâche qui peut être automatisée avec des scripts est la compilation et l'exécution des programmes COBOL. Traditionnellement, ces étapes demandent des interactions manuelles sur le JCL (Job Control Language), mais avec un bon script, ces processus peuvent être accélérés. Cela implique de configurer des scripts qui prennent automatiquement les programmes sources, les compilent, et exécutent les tests nécessaires. Les scripts REXX, par exemple, peuvent s'intégrer directement aux fichiers JCL pour activer les jobs, gérer les erreurs, et collecter les logs nécessaires pour des examens futurs.

En outre, l'utilisation de scripts pour sauvegarder et versionner le code est un autre exemple d'automatisation qui apporte des gains considérables. Le versionnage du code est une pratique essentielle dans le développement logiciel moderne qui aide à maintenir la consistance et la traçabilité des modifications. En automatisant ces processus avec des scripts, les consultants peuvent s'assurer que chaque changement de code est suivi, sauvegardé et comparé avec les versions antérieures sans effort manuel redondant.

Le déploiement des applications sur des environnements de test est une autre tâche où l'automatisation joue un rôle clé. Les scripts peuvent orchestrer le déploiement d'une mise à jour logicielle à travers plusieurs environnements—développement, test, et production—tout en suivant les directives de conformité nécessaires. Cela implique souvent de s'assurer que chaque nouvelle version est testée dans un environnement contrôlé, en validant sa performance et son intégrité fonctionnelle avant de la pousser vers des utilisateurs finaux.

L'intégration des scripts avec des outils de débogage peut aussi fortement optimiser la résolvabilité des erreurs de runtime. En écrivant des scripts qui analysent automatiquement les logs des applications à la recherche de patrons d'erreur connus, on peut identifier des anomalies rapidement, ce qui garantit un temps de réponse drastiquement réduit lors des prises de décision critiques.

En résumé, les scripts ne sont pas seulement des instruments de commodité; ils sont des catalyseurs d'efficacité et de fiabilité. L'automatisation des tâches répétitives grâce à des scripts permet aux consultants COBOL de se focaliser sur les aspects plus créatifs et stratégiques de leur travail, leur conférant un avantage compétitif dans un domaine où les talents sont en forte demande. Ainsi, l'habitude de développer des scripts pour automatiser même les plus petites tâches enhardit le consultant à prendre le contrôle total de son environnement de développement tout en affirmant sa proactivité dans l'optimisation des processus métiers.

Environnements de test et simulation

COBOL demeure une pierre angulaire des systèmes d'information dans de nombreuses grandes entreprises, en grande partie grâce à sa solide infrastructure de performance sur les mainframes. Cela dit, le processus de développement et de test des applications en COBOL peut présenter des défis uniques, en particulier lors de la simulation d'environnements pour identifier et résoudre des bugs avant de passer en production.

Dans la programmation moderne, l'importance des environnements de test et de simulation ne peut être sous-estimée. Ils constituent un moyen sûr et contrôlé de tester des solutions avant de les déployer largement. Pour les consultants COBOL, les environnements de test jouent un rôle crucial, surtout lorsqu'il s'agit d'applications bancaires, financières et gouvernementales où la fiabilité et la précision sont primordiales. Comprendre et maîtriser ces environnements est essentiel pour garantir que les applications fonctionnent correctement sans affecter l'environnement de production.

Les environnements de test pour les applications COBOL sur les mainframes Z/OS intègrent souvent plusieurs couches de simulation afin de recréer des situations proches de la réalité. Ces simulations incluent des jeux de données fictifs qui reproduisent les conditions spécifiques qu'une application pourrait rencontrer en production. Cela permet de tester la logique de programmation de manière exhaustive, assurant ainsi que le programme se comporte comme prévu même dans des circonstances exceptionnelles.

Le but principal d'un environnement de test est de minimiser les erreurs et d'identifier les éventuels défauts dans le code avant qu'il ne soit utilisé sur un système principal. En tant que consultant, votre objectif sera de garantir que ces environnements vous permettent de simuler de manière appropriée les transactions et l'interaction des données telles qu'elles se produiraient en situation réelle. Cet aspect est particulièrement crucial lorsque ces systèmes impliquent des transactions critiques qui nécessitent une haute disponibilité et une sécurité robuste. Par conséquent, le bon fonctionnement des simulations exige une connaissance approfondie des transactions impliquées et une capacité à modéliser ces transactions de manière efficace.

Utiliser ces environnements implique également une série de procédures de contrôle de version. Sur Z/OS, cela est souvent géré par des outils intégrés qui permettent aux développeurs de maintenir la traçabilité de chaque modification. Lors des tests de changement de code, il est essentiel d'assurer une transition douce entre les différentes versions du logiciel. Cela requiert une gestion rigoureuse des versions de code et une assurance qualité structurée à chaque étape de développement et de test.

Par ailleurs, de nombreux outils de test intègrent des possibilités d'automatisation, simplifiant ainsi une grande partie des tâches répétitives associées à la vérification de performance et fonctionnalité. En tant que consultant, tirer parti de ces outils pour automatiser des tests unitaires et fonctionnels peut vous économiser un temps précieux et assurer la fiabilité continue du processus de déploiement.

En plus de ces systèmes simulant l'environnement de production, il existe également des simulateurs zPDT (z/Personal Development

Tool) et ses équivalents, qui reproduisent un environnement mainframe sur des systèmes plus petits et moins coûteux. Ces outils permettent aux développeurs de tester leurs applications dans un cadre similaire à celui de la production, mais sans les coûts et la maintenance associée à un véritable mainframe. Ils offrent une opportunité précieuse pour affiner les compétences et identifier des bugs potentiels qui pourraient autrement passer inaperçus.

Des simulateurs transactionnels permettent également la validation de nouvelles fonctionnalités par la reproduction scénaristique des opérations utilisateurs. Cela signifie que chaque nouvelle fonctionnalité peut être testée dans un cadre identique à celui d'un utilisateur final, ce qui réduit le risque de comportement inattendu après le déploiement final.

Dans l'ensemble, le succès des applications COBOL dans un environnement Z/OS réside dans l'attention portée à l'exactitude et à la réactivité des applications sous diverses conditions, assurant ainsi que les transactions sensibles sont traitées efficacement. Pour tout consultant COBOL aspirant, maîtriser le concept des environnements de test et de simulation est un pas crucial vers un développement qui non seulement rencontre les attentes des clients, mais excède continuellement ces standards grâce à la rigueur et l'exhaustivité du processus de testing appliqué.

Chapitre 10
Les bonnes pratiques
de codage en COBOL.

Écrire du code lisible et maintenable

Écrire du code COBOL lisible et maintenable est une compétence essentielle pour tout développeur souhaitant se démarquer dans ce domaine. Dans un environnement où les programmes peuvent rester en production pendant des décennies, la lisibilité du code devient une priorité. Pour cela, il est crucial d'adopter une approche structurée dans l'organisation du code. Cela débute par le choix de noms de variables et de paragraphes significatifs. Des noms explicites facilitent non seulement la compréhension immédiate du code par vos collègues, mais aident également la future maintenance lorsque vous devrez revisiter votre travail des années plus tard. Opter pour des noms de variables qui décrivent précisément leur fonction évite les confusions inutiles et rend le code auto-documenté.

L'indentation cohérente est un autre élément fondamental de la lisibilité du code. Bien que COBOL soit un langage basé sur des colonnes, adopter une indentation systématique aide à distinguer les blocs logiques et les structures de contrôle. Un code correctement indenté permet de voir rapidement la structure de votre programme, rendant les structures IF, PERFORM et autres plus évidentes à suivre. Il est également important de segmenter le code en sections logiques avec des paragraphes bien définis plutôt que de créer de longs blocs de code ininterrompus. Chaque paragraphe doit avoir une fonction spécifique, ce qui améliore la facilité de compréhension et de mise à jour du code.

La modularité est également essentielle pour écrire du code COBOL maintenable. Les sous-programmes permettent de réutiliser le code et de réduire la redondance, qui peut être une source d'erreurs. Un programme bien modulaire isole la logique de programme dans des unités distinctes, qui peuvent être testées et mises à jour indépendamment. Cela facilite également l'identification de l'origine d'un bug, car il est plus simple de dépister l'erreur dans un module plutôt que dans un programme monolithique.

Les commentaires significatifs jouent également un rôle crucial. Cependant, il ne s'agit pas simplement de commenter chaque ligne, mais plutôt d'ajouter des commentaires là où le code peut être complexe ou ne pas refléter immédiatement son intention. Ces commentaires peuvent aussi inclure des balises de documentation standard, telles que les noms d'auteurs, les dates de modification et les versions, ce qui facilite le suivi de l'évolution du code et de ses mises à jour.

Il est également préconisé d'écrire du code en respectant les conventions de codage établies dans votre organisation ou dans l'industrie COBOL. Les conventions de noms, d'organisation des fichiers et de structure du code rendent l'ensemble du code uniformisé et simple à lire. Cela est particulièrement important dans les environnements d'entreprise où de nombreux développeurs peuvent travailler sur les mêmes lignes de code à différents moments.

Enfin, l'utilisation d'outils modernes pour écrire et maintenir du code COBOL peut considérablement augmenter la lisibilité et la maintenabilité. Des IDE modernes comme IBM Developer for z/OS offrent des fonctionnalités telles que la coloration syntaxique, l'analyse statique du code et la suggestion de corrections, qui peuvent aider à respecter les bonnes pratiques de codage et à éviter de nombreux pièges communs.

Tests unitaires et vérification du code

Les tests unitaires et la vérification du code jouent un rôle essentiel dans le développement COBOL, comme dans n'importe quel autre langage de programmation. Traditionnellement associés à des pratiques modernes de développement, ces concepts sont néanmoins tout aussi pertinents pour COBOL tout en demandant une adaptation aux particularités des environnements mainframe et aux spécificités du langage lui-même.

Tout d'abord, il est crucial de comprendre pourquoi la vérification du code est significative dans le monde du COBOL. Historiquement, COBOL a été utilisé pour des systèmes critiques dans des secteurs tels que la banque, les assurances, la gestion des stocks ou encore la santé. Ces applications nécessitent une extrême fiabilité, tout défaut pouvant entraîner des répercussions majeures, tant au niveau financier qu'en termes de réputation. Les tests unitaires, bien qu'ils puissent sembler une dépense de ressources, s'avèrent être un investissement stratégique pour garantir la robustesse et l'efficacité des applications.

Dans l'univers COBOL, les tests unitaires supposent l'utilisation de plateformes de testing compatibles avec les systèmes mainframe, souvent distincts des environnements modernes. Cependant, avec l'avancée des technologies et l'intégration des systèmes open source aux processus mainframe, des outils comme Micro Focus Unit Testing Framework ont commencé à adopter ces pratiques. Ces outils permettent de structurer le code en modules testables individuellement, ce qui est une étape critique pour s'assurer que chaque segment fonctionne comme attendu avant de tester le système dans son ensemble. Ces tests doivent vérifier la logique métier, les calculs complexes, les conditions de cycle et même la manipulation des fichiers, qui est un aspect omniprésent et essentiel des applications COBOL.

De plus, pour mener des tests unitaires efficaces en COBOL, il est essentiel de se concentrer sur des techniques de décomposition du code en procédures bien définies avec des interfaces claires et isolées. Ceci simplifie non seulement le processus de test mais améliore également la maintenabilité et la clarté du code. Les tests automatiques poussent les développeurs à écrire du code modulaire car ils facilitent l'isolation de chaque composant fonctionnel de l'application, permettant ainsi de détecter les erreurs précoces, difficiles à diagnostiquer une fois qu'elles sont intégrées dans des systèmes plus vastes.

Par ailleurs, la vérification rigoureuse du code ne s'arrête pas aux tests unitaires. Des revues de code manuelles restent essentielles, tout particulièrement dans les environnements mainframe complexes. Les revues croisées, où les codes sont examinés par d'autres membres d'une équipe, aident non seulement à identifier les erreurs potentielles mais apportent aussi de nouvelles perspectives sur l'optimisation et le fonctionnement du code. Cette collaboration peut être émulée en sessions structurées ou informelles, chacun des participants apportant son expertise et aidant à améliorer non seulement la qualité du code, mais aussi les compétences transversales de l'équipe.

Un autre aspect des tests unitaires en COBOL est l'importance de la documentation des tests eux-mêmes. Chaque module ou programme doit être accompagné d'une documentation exhaustive qui détaille les cas de test, les scénarios, les entrées, et les résultats attendus. Ceci assure que n'importe quel développeur, qu'il soit l'auteur original ou un pair revoit le code, peut comprendre facilement les intentions qui soutiennent les vérifications du logiciel et adapte si besoin les tests lorsque le code évolue. Cette documentation, quand elle est tenue à jour, devient un atout considérable pour toutes les phases du cycle de développement et de maintenance.

En conclusion, bien que le langage COBOL puisse sembler archaïque à certains, les principes modernes de développement logiciel comme les tests unitaires et la vérification rigoureuse s'appliquent tout autant. Embrasser ces pratiques est essentiel non seulement pour améliorer la qualité et la fiabilité du logiciel mais aussi pour se conformer aux standards de développement logiciel contemporains. Cette attention à la vérification continue et à l'amélioration du code en renforce la maintainabilité, la performance, et par dessus tout, assure que les systèmes critiques, sur lesquels reposent tant d'entités, fonctionnent de manière fluide et fiable, minimisant les risques d'erreurs coûteuses susceptibles de survenir en production.

Documentation du code

La documentation du code dans le contexte des applications COBOL est un aspect essentiel qui est souvent négligé par les développeurs. Un code bien documenté présente non seulement les avantages d'une maintenance simplifiée, mais il permet également à l'équipe de développement de s'aligner plus efficacement sur les objectifs techniques et commerciaux d'un projet. Cette démarche est d'autant plus cruciale dans un environnement mainframe où la complexité des systèmes et leur architecture héritée compliquent souvent l'interprétation du code.

Documenter le code COBOL repose sur des principes qui avisent surtout d'une communication claire et efficace à travers des annotations et des commentaires judicieux. Contrairement à de nombreux langages modernes qui possèdent des méthodologies relativement uniformisées, COBOL demande une approche singulière en raison de sa structure numérique-rice rigide et de sa syntaxe verbose. Ainsi, il est recommandé que les développeurs démarquent explicitement chaque section de leur programme par des commentaires qui expliquent le rôle et la logique de chaque bloc fonctionnel.

Par exemple, dans un programme COBOL typique, il est bénéfique de documenter chaque division avec un commentaire en tête de section pour décrire ce que cette division accomplira. Prenons la Division ENVIRONMENT, une annotation pertinente préciserait les configurations système spécifiques ou toutes les versions API intégrées utilisées, ce qui informera d'éventuelles mises à jour de configuration nécessaires. De même, dans la Division DATA, documenter l'usage des structures de données et des concepts imbriqués simplifie le repérage des modifications requises en cas de mise à jour des spécifications de données.

De plus, une attention particulière doit être portée à la documentation des paragraphes procéduraux où l'ensemble des calculs et des transactions se déroule. Chaque procédure ou fonction doit être clarifiée à travers des commentaires qui expliquent le but du processus, les entrées et sorties attendues, ainsi que les règles d'affaires. Cela aide non seulement à l'évaluation du code mais aussi à sa réutilisabilité par d'autres développeurs ou bientôt par les systèmes automatisés de vérification du code.

Il est également important de tenir à jour une documentation externe, souvent sous forme de guides ou de répertoires de code, qui complète les commentaires en ligne en fournissant un schéma d'ensemble sur le fonctionnement du système. Cette documentation exhaustive assure une transition fluide des connaissances, notamment lors de l'intégration de nouvelles personnes dans l'équipe ou au moment de la transmission du projet à une nouvelle équipe. Un tel guide de référence doit inclure des modules succincts expliquant chaque fonction clé, la logique d'affaires sous-jacente ainsi que les données d'entrée et sortie en termes plus accessibles.

Documenter le code COBOL nécessite par ailleurs de prendre en compte l'évolution constante des normes de l'industrie. Il est prudent d'intégrer un historique des modifications dans le cadre du commentaire programme, documentant les changements, l'auteur, et la raison des ajustements. Cela facilite la stabilité du système en identifiant les précédentes tentatives de correction ou modification, réduisant ainsi les risques de régression.

Notez enfin que la documentation n'est pas une tâche isolée mais un continuum qui doit s'étendre à travers le cycle de vie du développement. Elle doit évoluer en parallèle avec le code, chaque nouvelle fonction ou modification doit être accompagnée de son lot de commentaires explicatifs et de mises à jour des documents associés. L'adoption d'outils de contrôle de version qui automatisent la documentation assurée en temps réel, ajustée et accessible pour tous les collaborateurs, encourage la discipline par tous les membres de l'équipe.

Un code bien documenté en COBOL transforme ce qui pourrait sembler un labyrinthe numérique complexe en un chemin plus clair et détectable. Elle répond à la fois aux nécessités d'un fonctionnement soutenu et à une compréhensibilité lisible par toute personne habilitée à autopsier, déployer ou modifier l'application dans le cadre de son cycle de vie professionnel. D'ici, la documentation du code se démarque comme un facteur clé de succès assurant continuité et résilience des solutions mainframe dans l'ère numérique actuelle.

Optimisation des performances du code

L'optimisation des performances du code en COBOL est une discipline qui demande une compréhension nuancée aussi bien des principes de programmation que du matériel sous-jacent. Un des défis distinctifs lorsque l'on travaille avec COBOL et les systèmes mainframes est d'effectuer un équilibre délicat entre lisibilité du code et efficience du système. Bien que COBOL soit réputé pour sa clarté syntaxique, l'avantage de cette simplicité peut souvent cacher des opportunités pour des gains de performance significatifs si on ne fait pas attention à la manière dont le code est écrit et exécuté.

Tout d'abord, une bonne optimisation commence souvent par un examen minutieux de la logique du programme. Comprendre le flux des données et la logique de traitement peut permettre de repérer des boucles redondantes ou des opérations inutiles qui peuvent ralentir l'exécution. Simplifier ces boucles ou les éliminer complètement lorsque cela est possible constitue un moyen efficace de réduire le temps CPU consommé. Par exemple, regrouper des calculs répétitifs hors des boucles, lorsque les valeurs n'ont pas besoin d'être recalculées à chaque itération, peut réduire de manière substantielle le coût du traitement.

De plus, l'accès aux fichiers et la gestion des I/O sont cruciaux pour les performances en COBOL. L'usage approprié de l'accès aux fichiers et leur gestion efficacement peut avoir un impact important, souvent bien plus que les optimisations de code à proprement parler. Par exemple, choisir la bonne organisation de fichiers, qu'il s'agisse de séquentiel, relatif ou indexé, peut radicalement changer la rapidité avec laquelle les données peuvent être récupérées et traitées. Utiliser des accès séquentiels lorsque cela est approprié, plutôt que des accès random, peut aussi offrir des gains de performance appréciables. Optimiser l'accès disque, en réduisant le nombre de fois où les données doivent être lues ou écrites, joue également un rôle essentiel dans les performances globales du programme.

Ensuite, une dérive commune en programmation COBOL est l'usage excessif de variables intermédiaires qui ne sont pas réellement nécessaires. Minimiser le nombre de ces variables non essentielles non seulement rend votre code plus efficient, mais le rend également plus clair et plus facile à maintenir. Cependant, une prudence doit être observée ici afin de ne pas sacrifier la lisibilité de votre code pour des micro-améliorations de performance. Trouver cet équilibre est crucial pour rendre votre programme autant efficace qu'opérable par d'autres développeurs.

Un autre aspect capital est l'utilisation parcimonieuse de calculs complexes, les calculs intensifs étant un autre grand consommateur de temps CPU. En particulier, dans des environnements mainframes où les ressources sont précieuses et souvent partagées, une mauvaise gestion des opérations lourdes peut avoir une incidence critique. Utiliser des formules de calcul optimisées et pré-calculer les résultats qui resteront constants peut éliminer des frais computationales inutiles.

L'optimisation s'étend également à l'utilisation des structures conditionnelles. Éviter les instructions IF imbriquées ou assurer que les conditions les plus probables apparaissent en premier peut réduire le nombre de vérifications conditionnelles et ainsi augmenter la rapidité d'exécution. Dans certains cas, réorganiser les instructions pour qu'elles aient un sens logique ou qu'elles utilisent des cas d'utilisation courants peut améliorer la performance sans impact négatif sur la clarté.

Enfin, il est essentiel de ne pas traiter l'optimisation comme une finalité unique dans votre projet de développement logiciel, mais plutôt comme un processus continu. L'utilisation d'outils de profilage et de monitoring peut aider à identifier des goulots d'étranglement que vous n'auriez pas prévus. Maintenir une interaction constante avec l'équipe opérationnelle ou l'équipe d'exploitation des mainframes pour comprendre les contraintes des systèmes en temps réel, peut fournir des indications précieuses sur les domaines nécessitant une optimisation.

L'optimisation des performances du code en COBOL est une activité qui exige de garder à l'esprit une vue d'ensemble du système, une attention aux détails dans le code écrit et une utilisation pertinente des outils à disposition. Cela nécessite de constamment évaluer l'interaction entre le logiciel et le matériel, et d'adapter les stratégies de développement en fonction de l'évolution des besoins et des technologies. En abordant ces tâches avec méthode et réflexion, vous serez en mesure de construire des applications COBOL robustes, efficaces et durables.

Chapitre 11
Transition vers d'autres technologies.

L'héritage COBOL et la modernisation des applications

L'héritage COBOL est profondément ancré dans les systèmes d'information de nombreuses entreprises à travers le monde. Conçu dans les années 1950 et 1960, COBOL continue de jouer un rôle crucial dans les secteurs bancaires, gouvernementaux et de l'assurance pour ne citer que quelques exemples. Les institutions qui utilisent COBOL ont souvent investi des millions, sinon des milliards, pour développer, maintenir et enrichir leurs applications legacy. Ce langage de programmation a prouvé sa pérennité par sa robustesse, sa capacité à gérer de grosses quantités de données transactionnelles et son évolution historique au fil des décennies. Malgré ses racines profondes, le vieillissement de la base de code et la complexité inhérente à COBOL présentent aujourd'hui des défis distincts qui nécessitent une approche moderne et stratégique de la gestion des systèmes existants.

La modernisation des applications COBOL est souvent perçue comme une entreprise hasardeuse et coûteuse, mais elle peut offrir des avantages significatifs s'il est bien effectué. Il est crucial de comprendre que moderniser COBOL ne signifie pas obligatoirement tout jeter pour repartir de zéro. Une approche plus nuancée consiste à regarder les applications existantes à travers le prisme de la transformation numérique. Cela implique de rationaliser les processus, d'améliorer l'efficacité et de s'assurer que le logiciel reste pertinent dans un paysage technologique en évolution rapide. C'est ici que l'actualisation entre en jeu - repenser l'interface utilisateur, améliorer les performances ou découper un monolithe en microservices sont autant de moyens de prolonger la vie utile et d'augmenter la valeur des systèmes COBOL.

Cependant, à un certain point, la simple modernisation ne suffit plus et la migration vers d'autres technologies devient une option inexorable pour les organisations souhaitant rester compétitives. Cette opération est délicate et demande une compréhension approfondie des processus métiers ainsi que des spécificités techniques des systèmes existants. Une migration réussie nécessite une analyse minutieuse pour identifier quelles parties du code peuvent être réutilisées et lesquelles doivent être réécrites ou complètement reconçues. De plus, la mise en place de processus automatiques de conversion et de vérification aide à limiter les risques d'erreurs et à réduire le temps du projet. Mais au-delà des considérations pratiques, il est essentiel de maintenir l'intégrité des données et la continuité de service, aspects où COBOL a historiquement excellé.

Le développement des technologies cloud a également ouvert de nouvelles perspectives pour l'héritage COBOL. Les solutions de cloud computing offrent une infrastructure flexible qui peut s'adapter aux besoins changeants d'une entreprise, souvent à un coût réduit par rapport à une maintenance continue de systèmes mainframe physiques. L'intégration de systèmes COBOL dans des écosystèmes cloud permet d'exploiter des capacités de stockage et de calcul importantes sans les mêmes contraintes physiques. Cela ouvre la voie à des innovations telles que l'intégration de l'intelligence artificielle et de l'apprentissage automatique directement depuis des plateformes cloud pour tirer parti des vastes ensembles de données que COBOL est capable de gérer.

Enfin, alors que COBOL a toujours une place précieuse dans les systèmes d'information, il est également pertinent de se familiariser avec d'autres langages et technologies contemporains qui partagent certains principes fondamentaux. Des langages comme Java ou C# sont souvent utilisés en tandem ou comme substituts à COBOL dans les nouvelles installations, principalement parce qu'ils offrent de meilleures intégrations de programmation orientée objet et de meilleures compatibilités avec d'autres systèmes modernes. En fin de compte, un consultant COBOL particulièrement aguerri doit non seulement maîtriser l'art et la science de ce langage vénérable mais aussi être à l'aise avec les concepts contemporains, ce qui permet non seulement de conduire la transition et la modernisation mais aussi d'assurer la pérennité des systèmes de leurs clients dans un avenir technologique incertain et en constante évolution.

Tous ces aspects soulignent l'importance de la mise en valeur et de la réinvention des systèmes COBOL dans le contexte technologique actuel. Les consultants en COBOL qui réussissent à naviguer avec habileté entre tradition et innovation deviennent non seulement des gardiens pour l'avenir des systèmes d'information mais aussi des pionniers d'un nouvel âge technologique. Ce chapitre, bien que centré sur l'héritage et la modernisation, est un appel pour transformer les défis présents en opportunités futures, garantissant ainsi que COBOL continue de servir efficacement les besoins complexes des entreprises modernes pendant de nombreuses années à venir.

Migrer vers des technologies modernes

Dans le monde dynamique et en constante évolution de la technologie, la transition vers des technologies modernes est une démarche indispensable pour les entreprises souhaitant rester concurrentielles dans leur secteur. Migrer les applications COBOL vers des technologies plus récentes représente à la fois un défi et une opportunité significative. Face à la pénurie de développeurs spécialisés dans COBOL, de nombreux établissements cherchent des solutions durables et pertinentes qui les aideraient non seulement à maintenir mais également à moderniser leurs systèmes d'information.

La première étape dans la migration des applications COBOL vers des technologies modernes consiste à évaluer l'inventaire existant. Il est essentiel pour une entreprise de comprendre la portée et la complexité de ses applications actuelles. Cela implique de réaliser un audit approfondi des programmes COBOL afin de déterminer lesquels sont critiques pour les opérations de l'entreprise et quelles parties peuvent être facilement modernisées ou remplacées. Ce processus d'audit initial aide à identifier les interdépendances et à donner du sens aux applications qui nécessitent une migration immédiate ou une mise à jour.

Une approche commune utilisée par de nombreuses organisations consiste à adopter une stratégie de migration progressive. Cette méthode permet de réduire le risque de perturbation des opérations en ne remplaçant pas instantanément toutes les applications par de nouvelles solutions technologiques. Plutôt, elle favorise l'intégration intuitive et graduelle de solutions modernes qui coexistent avec l'infrastructure existante. En parallèle, l'utilisation de connecteurs et adaptateurs middleware peut faciliter la communication entre les anciennes applications COBOL et les nouveaux systèmes, assurant ainsi une exploitation harmonieuse des ressources à travers différents environnements technologiques.

L'automatisation joue également un rôle essentiel dans la réussite d'une telle transition. Des outils sophistiqués sont disponibles pour automatiser en partie la conversion du code COBOL en langages modernes tels que Java ou C#. Cette démarche de transformation permet de réduire significativement le temps et les efforts requis pour réécrire le code, tout en diminuant les erreurs humaines. Toutefois, la simple traduction du code n'est pas toujours suffisante : il est également nécessaire de repenser la logique applicative pour la rendre pertinente dans des architectures basées sur le cloud ou des microservices.

133

En parallèle, la migration vers des technologies modernes implique souvent de tirer parti des plateformes cloud. Le déplacement des applications mainframe vers le cloud offre une flexibilité et une scalabilité inégalées, tout en améliorant l'accessibilité et l'efficacité du traitement des données. Les entreprises sont ainsi en mesure de mobiliser leurs ressources informatiques de manière plus rentable et efficace, sans être limitées par les infrastructures matérielles traditionnelles. L'intégration avec les écosystèmes cloud présente également l'opportunité de développer des applications utilisant des modèles d'intelligence artificielle ou des data lakes, ce qui renforce encore l'innovation et la compétitivité des entreprises.

S'engager sur la voie de la modernité technologique nécessite une compréhension fine des nouvelles tendances. À cet égard, l'examen des langages contemporains ayant des fonctionnalités similaires à celles de COBOL peut fournir une direction précieuse. Des langages tels que Java, Python et leurs frameworks sont connus pour leur robustesse, leur compatibilité et leur large adoption par des développeurs à travers le monde. Ils apportent une plus grande simplicité et une flexibilité de développement tout en offrant des capacités avancées pour intégration facilité avec des systèmes modernes.

Enfin, il est impératif d'anticiper les défis humains liés à cette nouvelle orientation technologique. Impliquer les talents internes dans le processus de migration est crucial, car cela assure une montée en compétence continue et encourage l'adoption et la participation active des équipes. Former les développeurs COBOL existants aux nouvelles technologies et créer des équipes interfonctionnelles favorisent un transfert de connaissances efficace et une enrichissement parallèle des compétences. Dans l'ensemble, la migration vers des technologies modernes n'est pas seulement un choix stratégique et opérationnel, mais une nécessité dans un environnement technologique qui continue de se transformer à vitesse accélérée. Pour réussir cette transition, un engagement clair de l'organisation aux principes d'innovation et d'amélioration continue est essentiel.

Intégration avec les écosystèmes cloud

L'intégration des applications COBOL avec les écosystèmes cloud est une transition délicate mais essentielle pour les entreprises cherchant à moderniser leurs infrastructures informatiques. COBOL, un pilier du traitement des transactions pour des systèmes critiques, est réputé pour sa robustesse et sa fiabilité. Cependant, à l'heure où les entreprises se tournent vers des solutions plus agiles et évolutives, le cloud computing offre de nouvelles opportunités qui ne peuvent être ignorées. Cette transition vers le cloud ne doit pas seulement être perçue comme un moyen de se moderniser, mais comme un chemin vers une efficacité accrue et des possibilités d'innovation.

Les entreprises possédant des systèmes COBOL opérationnels sont confrontées à l'importante décision de migrer ces systèmes vers des plateformes cloud. Une telle migration nécessite une compréhension approfondie de la manière dont les applications COBOL fonctionnent en tandem avec les technologies existantes. Les consultants COBOL peuvent jouer un rôle pivot dans cette transition, en aidant les entreprises à naviguer dans les complexités de cette transformation. Un des principaux défis de l'intégration des applications COBOL dans le cloud est de minimiser les perturbations des opérations courantes tout en maximisant les avantages de l'architecture cloud.

Migrer une application COBOL vers un environnement cloud commence par la sélection d'un modèle de cloud approprié; qu'il s'agisse de cloud public, privé ou hybride. Ce choix dépend des besoins spécifiques de l'entreprise, de ses exigences de confidentialité, de performance, et de sécurité. Une fois la plate-forme cloud choisie, l'étape suivante consiste à évaluer l'architecture existante des applications COBOL. Cette évaluation détermine comment ces applications peuvent être réarchitecturées et quelle infrastructure cloud pourra les soutenir efficacement. L'approche traditionnelle du "lift and shift", qui consiste à déplacer les applications telles quelles vers le cloud, pourrait ne pas toujours convenir. Des stratégies de modernisation plus avancées peuvent être nécessaires pour garantir une compatibilité optimale avec les services cloud natifs.

Une des stratégies clés dans ce processus est la conteneurisation. Les technologies telles que Docker sont souvent privilégiées pour encapsuler les applications relativement anciennes dans des environnements de conteneurs. Cela permet une plus grande flexibilité, une utilisation efficace des ressources, et une évolutivité sans parallèle. En combinant la conteneurisation avec des orchestrateurs comme Kubernetes, les entreprises peuvent automatiser le déploiement, la gestion et la mise à l'échelle de leurs applications COBOL sur le cloud. Cela ne se limite pas à une simple migration technologique, mais ouvre également la porte à une transformation qui aligne les processus métier avec les dernières innovations numériques.

Ensuite, une autre aspect critique de l'intégration dans le cloud est l'utilisation des API modernes pour assurer l'interopérabilité. Les systèmes COBOL, historiquement conçus pour fonctionner dans des silos, doivent être reconfigurés pour exploiter pleinement les écosystèmes cloud. L'adoption des API peut faciliter cette interaction, permettant un échange fluide de données entre les applications hébergées et d'autres services cloud natifs. Cela favorise non seulement l'intégration mais aussi l'innovation, en rendant les données et les processus beaucoup plus accessibles et agiles. Les organisations qui prennent des mesures pour développer et intégrer des API sécurisées peuvent non seulement prolonger la durée de vie de leurs applications COBOL mais aussi maximiser leur valeur au sein de l'écosystème moderne.

Enfin, l'un des éléments souvent négligés mais cruciaux est la gestion du changement qui doit accompagner cette transition technologique. L'intégration réussie des systèmes hérités comme COBOL dans les écosystèmes cloud ne concerne pas seulement les aspects techniques mais aussi la transformation culturelle au sein de l'organisation. L'adoption du cloud devient un levier pour implémenter des pratiques de développement agile, améliorer la collaboration entre les équipes informatiques et commerciales, et encourager une culture d'innovation continue. Équipées des bons outils et d'une formation adéquate, les entreprises peuvent utiliser le cloud comme un catalyseur pour reconfigurer leur approche de la technologie informatique et des services.

En conclusion, intégrer COBOL dans les écosystèmes cloud est une étape cruciale dans le paysage moderne où l'innovation et l'efficacité dominent. Si le chemin est jonché de défis, les possibilités pour les entreprises visionnaires sont immenses. Les consultants COBOL, avec leur expertise et leur compréhension des nuances des systèmes hérités, sont positionnés de manière optimale pour guider les entreprises dans cette transition, assurant ainsi que les systèmes critiques non seulement survivent mais prospèrent dans l'ère numérique actuelle.

Aperçu des langages contemporains similaires

En explorant les langues contemporaines qui partagent certaines similitudes avec COBOL, il est essentiel de comprendre que bien que COBOL soit considéré par beaucoup comme une technologie d'un autre temps, sa structure et sa logique partagent des principes avec des langages de programmation plus récents. Cet aperçu met en lumière certains langages qui, bien qu'ils soient modernes, conservent des éléments fonctionnels et syntaxiques qui peuvent se faire écho pour un développeur COBOL cherchant à s'étendre ou à migrer ses compétences vers d'autres technologies.

La première langue qui mérite d'être mentionnée est Java. À la base, Java partage avec COBOL une orientation vers l'écriture de programmes clairs et légibles. Les deux langages priorisent une certaine structure hiérarchique qui favorise la lisibilité, une caractéristique prisée dans le développement d'applications d'entreprise où la maintenance à long terme est cruciale. Java, avec son infrastructure de classes et d'objets, offre une façon moderne d'aborder la programmation orientée objet qui peut être un défi pour les développeurs habitués à l'approche procédurale de COBOL. Cependant, la discipline imposée par la structure de COBOL offre un excellent socle pour comprendre le paradigme des objets en Java.

Un autre langage qui présente des similitudes fonctionnelles avec COBOL est C#. Développée par Microsoft, C# combine les principes de la programmation orientée objet avec une syntaxe qui, bien que plus moderne, conserve un certain degré de familiarité pour les développeurs COBOL grâce à ses structures logiques et son orientation vers des solutions de niveau entreprise. La forte intégration de C# dans l'écosystème .NET lui permet de jouer un rôle crucial dans les environnements nécessitant une interopérabilité avec d'autres langages.

En ce qui concerne l'intégration avec les écosystèmes cloud, Java et C# jouent également un rôle important. Les applications modernes nécessitant une présence dans le cloud trouvent souvent que ces langages offrent une compatibilité et une flexibilité exceptionnelles pour soutenir des architectures cloud robustes. COBOL, historiquement limité aux environnements mainframe, peut être étendu vers ces nouveaux paradigmes via des initiatives de modernisation qui incluent des wrappers et des ponts vers des services basés sur ces langages contemporains. Ces approches permettent aussi d'incorporer des pratiques de DevOps, des pipelines CI/CD et une meilleure gestion du code source, des éléments incontournables dans le développement moderne.

On ne peut ignorer Python dans ce paysage. Bien que très différent de COBOL en termes de syntaxe, Python est souvent recommandé pour sa simplicité d'apprentissage et sa puissance. Il est également extensible à des domaines tels que l'intelligence artificielle, le machine learning et l'analyse de données — des secteurs où les compétences des développeurs COBOL peuvent très bien être redéployées avec les bons outils et formations. Sa popularité dans le monde du scripting et de la programmation de haut niveau le place comme un outil incontournable pour un professionnel en transition cherchant à s'étendre au-delà des formats de données traditionnels.

Enfin, une mention doit être faite de Ruby, souvent salué pour sa syntaxe simple et intuitive. Bien que différent de COBOL dans sa structure, Ruby pousse une philosophie de "convention avant configuration" qui peut être bénéfique pour les développeurs COBOL habitués à des règles et conventions strictes pour assurer la lisibilité et la fonctionnalité. Ruby, dans ses formats de développement rapide, propose un apprentissage fluide pour ceux cherchant à développer des applications web modernes et interactives.

Ces langages, bien que contemporains, offrent des ponts pour une transition douce pour ceux qui souhaitent diversifier leurs compétences au-delà de COBOL. La méthodologie claire et la structure rigide de COBOL donnent une base solide pour comprendre ces nouveaux outils. Que ce soit pour créer de nouvelles applications ou pour moderniser les systèmes existants, l'adaptation aux exigences des technologies modernes est crucial pour garantir la pérennité des compétences dans un monde en constante évolution technologique.

La clé de cette transition réside dans la compréhension que si COBOL est synonyme de fiabilité et de stabilité dans l'industrie informatique, l'ouverture à l'innovation via des langages modernes facilite non seulement l'intégration des applications dans les écosystèmes contemporains, mais aussi maintient la pertinence des professionnels IT dans un marché en pleine expansion. Ainsi, se familiariser avec ces langages aujourd'hui permettra non seulement de combler le fossé technologique mais aussi de se positionner en tant qu'expert stratégique dans la numérisation des entreprises.

Chapitre 12
Développer un
portefeuille de projets.

Choisir les projets pertinents à mettre en avant

Dans le monde du conseil en développement COBOL, se bâtir une solide réputation et attirer des clients potentiels passent par la mise en avant d'un portefeuille de projets pertinents et bien choisis. Choisir les bons projets à mettre en avant dans son portfolio est essentiel pour démontrer ses compétences, son expérience et sa capacité à trouver des solutions efficaces aux défis rencontrés dans des environnements mainframes. Pour cela, il est crucial de sélectionner des projets qui non seulement traduisent vos compétences en programmation COBOL, mais qui illustrent également votre capacité à collaborer, résoudre des problèmes complexes et ajouter de la valeur.

L'un des facteurs déterminants dans le choix des projets à inclure dans votre portfolio est leur diversité et leur pertinence par rapport aux défis modernes. Vous devez montrer que vous maîtrisez les bases classiques du développement COBOL, tout en sachant utiliser les outils modernes qui viennent en appui à ces systèmes. Illustrer votre expérience avec des projets qui démontrent votre capacité à maintenir et moderniser des systèmes existants, tout en intégrant des solutions basées sur JCL ou z/OS, peut vous aider à vous démarquer. Il est aussi avantageux de présenter des projets qui ont un lien direct avec les tendances actuelles du marché et qui montrent que vous pouvez adapter des systèmes COBOL anciens pour fonctionner avec des solutions numériques plus modernes. Cela pourrait inclure, par exemple, des travaux sur la mise à niveau de systèmes hérités pour les préparer aux exigences des interfaces utilisateur modernes ou au déploiement sur le cloud.

Un autre angle critique à considérer est l'impact mesurable de vos projets. Les employeurs potentiels et les clients veulent concrètement savoir comment vos solutions ont bénéficié à leurs systèmes ou leur entreprise. Ainsi, inclure des projets qui montrent une amélioration mesurable telle qu'une réduction des temps d'arrêt, une optimisation des processus ou une augmentation de l'efficacité peut renforcer l'attrait de votre portfolio. Cherchez à inclure des résultats quantifiables qui démontrent clairement votre valeur ajoutée. Par exemple, un projet où vous avez aidé à réduire le temps de traitement en optimisant un code existant parlera immédiatement à vos compétences en matière d'optimisation, un atout majeur dans le monde du consulting.

Ne sous-estimez pas non plus l'importance de la narration. Le fait de raconter une histoire autour des projets que vous choisissez d'inclure peut engager et convaincre de vos capacités. Plutôt que de simplement énumérer vos réalisations, créez un récit autour de chaque projet. Exposez le défi initial, les approches que vous avez envisagées, les solutions adoptées et les résultats obtenus. Cela aide le lecteur à non seulement comprendre ce que vous avez fait, mais aussi pourquoi c'était important. Ce type de narration démontrera votre capacité à penser de manière critique et stratégique.

Inclure des projets réalisés en collaboration peut aussi enrichir votre portfolio. Les projets de groupe vous donnent l'opportunité de montrer votre capacité à travailler en équipe, à prendre des initiatives et à diriger des efforts techniques. Dans l'univers souvent isolé du développement mainframe, la capacité de collaborer de manière efficace est un atout à ne pas sous-estimer. Ces projets en groupe démontrent votre flexibilité, votre sens de la collaboration et votre faculté d'écoute, autant de compétences essentielles à un consultant efficace.

Enfin, ne négligez pas les contributions open source, même dans un domaine aussi spécifique que le développement COBOL. Participer à des projets open source permet de prouver votre engagement envers la communauté des développeurs et démontre votre désir de partager vos connaissances et d'apprendre des autres. Inclure ces projets dans votre portfolio peut montrer que vous êtes au fait des dernières innovations dans votre secteur et que vous savez comment appliquer ces connaissances pour résoudre des problèmes spécifiques. Cela peut aussi illustrer votre flexibilité pour jongler avec différentes technologies et approches.

En somme, choisir les projets pertinents à mettre en avant dans votre portfolio de consultant COBOL est un exercice de réflexion stratégique. Il s'agit d'illustrer la richesse de votre expérience tout en mettant en lumière les compétences spécifiques et transversalement reconnues qui vous rendront incontournable. Chaque projet doit servir à projeter une image de vous non seulement comme un développeur habile, mais aussi comme un consultant stratégique capable de transformer des carrières et de susciter l'innovation dans le monde du développement COBOL.

Création d'un portfolio en ligne

Créer un portfolio en ligne est une étape cruciale dans le parcours de tout consultant, surtout dans un domaine aussi spécifique que le développement COBOL sur mainframes. Ce portfolio n'est pas seulement une vitrine de vos compétences et réalisations, c'est aussi un outil stratégique pour attirer les recruteurs et convaincre les clients de faire appel à vos services.

La première chose à garder à l'esprit est que votre portfolio doit être clair et organisé. Il doit refléter votre maîtrise des technologies COBOL, mais aussi votre capacité à concevoir des solutions de manière structurée. Pour un consultant COBOL, il est essentiel de démontrer une compréhension approfondie des particularités des mainframes et des environnements Z/OS. Présentez vos projets de manière à ce qu'ils illustrent votre maîtrise de ces systèmes complexes. Montrez comment vous avez su résoudre des problèmes spécifiques ou améliorer des systèmes déjà en place. Cela peut inclure des améliorations de performance, des migrations de systèmes, ou encore des optimisations de code COBOL.

Un autre élément fondamental pour votre portfolio est la crédibilité. Incluez des témoignages de clients ou des études de cas qui démontrent votre expérience et votre impact positif sur les projets passés. Si possible, quantifiez vos accomplissements. Par exemple, "augmentation de 20% de la rapidité des traitements batch" ou "réduction des coûts opérationnels de 15% par une optimisation du code." Cela donnera un poids supplémentaire à votre expérience et attirera l'attention des potentiels employeurs.

Les détails visuels sont également importants dans un portfolio en ligne, même pour un domaine aussi centré sur le code que le développement COBOL. Assurez-vous que votre site est visuellement attrayant, facile à naviguer, et qu'il utilise une présentation moderne adaptée aux écrans de différentes tailles, que ce soit sur un ordinateur de bureau ou un appareil mobile. Utilisez des captures d'écran ou des diagrammes pour illustrer l'architecture des solutions que vous avez développées, tout en assurant que cette information respecte les accords de confidentialité sous lesquels vous avez pu travailler.

Une autre considération clé est la facilité d'accès à votre travail. Pensez à inclure des fragments de code pertinents ou des liens vers des dépôts de code, sur des plateformes comme GitHub, si votre travail le permet. Cela démontre non seulement votre capacité à livrer du code de qualité, mais également votre volonté de collaborer et d'être transparent dans votre processus de travail. Participez à des projets open source si possible. Cela montre que vous êtes engagé dans la communauté et prêt à contribuer de manière bénévole à l'amélioration des logiciels utilisés dans l'industrie.

Il est aussi judicieux de maintenir un blog sur votre site web. Un blog où vous partagez vos réflexions sur les tendances de l'industrie, des études de cas, ou des tutoriels sur les meilleures pratiques en COBOL, JCL, et sur la gestion des systèmes mainframe peut vous établir comme une référence dans votre domaine. Cela intéresse non seulement les recruteurs, mais peut aussi attirer des consultants juniors en quête de conseils, ajoutant ainsi une autre dimension à votre influence professionnelle.

Enfin, gardez votre portfolio à jour. Le monde de la technologie évolue rapidement et il est crucial de montrer que vous êtes à la pointe des progrès récents. Ajoutez régulièrement de nouvelles réalisations à votre portfolio et supprimez celles qui ne sont plus pertinentes. Cette habitude maintiendra votre profile frais et attrayant, témoignant de votre dynamisme et de votre volonté incessante de vous développer professionnellement. Cela démontre également votre engagement à l'apprentissage continu, une qualité très recherchée et valorisée dans un secteur en constante évolution.

En résumé, un portfolio en ligne bien conçu pour un consultant COBOL est bien plus qu'un simple recueil de réalisations passées; c'est un outil stratégique pour construire et conserver des liens professionnels solides, pour démontrer vos capacités ainsi que votre expertise et pour vous démarquer dans un marché compétitif où les talents sont rares. C'est une manière proactive de gérer votre carrière et d'exploiter toutes les opportunités extraordinaires que ce domaine peut vous offrir.

Importance des contributions open source

Contribuer à des projets open source est une expérience

enrichissante et stratégique, particulièrement pour un consultant COBOL cherchant à développer sa carrière. Lorsqu'on parle de l'importance des contributions open source, on entre dans un domaine où l'informatique rencontre le collaboratif, et cela ouvre des portes vers des opportunités sans nombre. Les consultants qui s'engagent activement dans des projets open source bénéficient d'une visibilité accrue, d'un développement inexorable de leurs compétences professionnelles et d'une reconnaissance dans la communauté.

Dans le contexte de COBOL, un langage qui est en vigueur depuis plusieurs décennies, les contributions open source sont inestimables. D'une part, elles participent au maintien et à l'amélioration continue des systèmes existants. Bien que COBOL soit considéré comme un langage ancien, de nombreux systèmes bancaires et institutionnels dépendent encore lourdement de ses applications robustes. En participant à des projets open source liés à COBOL, comme l'optimisation de fonctions existantes ou le développement d'interfaces modernes, un consultant démontre sa capacité à travailler avec du code performant dans des environnements critiques.

La visibilité est l'un des plus grands atouts de l'engagement dans l'open source. Les plateformes populaires telles que GitHub ou GitLab servent de vitrines publiques pour le travail des développeurs. Un consultant COBOL qui maintient un portfolio actif de projets open source envoie un signal puissant aux employeurs potentiels et aux clients. Il prouve ainsi qu'il n'est pas seulement un utilisateur passif de technologies existantes, mais qu'il contribue activement à leur évolution. Plus un développeur publie et interagit sur ces plateformes, plus il accroît sa réputation, attirant ainsi l'attention d'autres professionnels de l'industrie qui pourraient lui offrir des opportunités de collaboration ou d'emploi.

Par ailleurs, la contribution à l'open source enrichit considérablement les compétences techniques. Les contributeurs se trouvent souvent confrontés à des défis inhabituels qui nécessitent une résolution créative de problèmes. Cela peut inclure le débogage, le développement de nouvelles fonctionnalités ou même la refonte d'éléments pour améliorer l'efficacité et la performance. En travaillant sur des projets open source, les consultants améliorent non seulement leur compréhension du langage COBOL, mais aussi leur capacité à intégrer ce langage dans des structures modernes comme les microservices ou les applications cloud. Ces compétences pratiques sont souvent difficiles à acquérir dans des environnements professionnels contrôlés où l'innovation peut être limitée par un cadre rigide.

Au-delà des compétences techniques, l'open source forge également de précieuses capacités en matière de communication et de collaboration. Travailler sur des projets open source implique souvent d'interagir avec des développeurs du monde entier, chacun apportant sa propre perspective et son ensemble unique de compétences. Cela incite à l'ouverture d'esprit et à l'acceptation de critiques constructives, tout en améliorant la capacité à travailler en équipe. Ces projets offrent l'occasion d'échanger des idées, de partager des expériences et de construire un réseau international de contacts professionnels. Ce réseau peut être crucial pour un consultant qui cherche à évoluer dans des environnements variés et multiculturels.

Contribuer à l'open source peut également être un moyen d'apprendre de nouveaux outils et technologies en lien avec COBOL. Par exemple, l'intégration de COBOL dans un cadre DevOps ou son recours dans des applications de big data peuvent commencer par de petites contributions à des projets existants.

Cette approche permet de se former sur le tas à des technologies modernes et d'obtenir un aperçu pratique de la façon dont les systèmes historiques s'adaptent aux nouvelles exigences technologiques.

Pour conclure, la participation active à des projets open source revêt une importance cruciale pour tout consultant COBOL. Elle offre l'opportunité de se distinguer dans un marché du travail concurrentiel et souvent saturé d'opportunités traditionnelles. Cela démontre non seulement une maîtrise technique mais également un engagement envers l'amélioration continue et le soutien à la communauté. Ces facteurs, cumulés, s'avèrent être des atouts précieux pour toute carrière professionnelle dans le domaine du développement informatique, notamment dans un langage aussi respecté et nécessaire que COBOL. Ainsi, les contributions open source constituent une démarche avantageuse et potentiellement transformative pour la trajectoire de tout consultant désireux de se démarquer.

Comment utiliser des projets de groupe

Lorsque l'on envisage de devenir consultant COBOL, s'insérer dans des projets de groupe représente non seulement une opportunité d'apprentissage, mais aussi un tremplin pour démontrer sa compétence et sa capacité à collaborer efficacement. Ces projets offrent une plateforme unique pour interagir avec d'autres professionnels, échanger des idées, et résoudre des problèmes complexes à plusieurs. Participer à un projet de groupe permet également d'exposer sa capacité à travailler en équipe, démontrant des compétences interpersonnelles essentielles qui sont de plus en plus valorisées par les employeurs.

L'une des premières étapes pour tirer parti des projets de groupe réside dans l'identification des opportunités adéquates. Les forums de développeurs, les communautés en ligne dédiées au COBOL ou à d'autres langages pertinents peuvent servir de point de départ pour trouver ces projets. Rejoindre des projets déjà existants, en particulier ceux qui impliquent des mainframes, JCL Z/OS, ou d'autres technologies connexes, offre une chance d'appréhender des systèmes à grande échelle. Ces plateformes vous permettent souvent de vous inscrire selon votre spécialité et votre niveau de compétence, ce qui vous assure de travailler sur des tâches correspondant à vos compétences tout en vous offrant la possibilité de croître en vous confrontant à des défis plus complexes.

Se plonger dans un projet de groupe ne signifie pas simplement exécuter des tâches assignées; il s'agit également de contribuer activement aux discussions, de proposer des solutions à des problèmes, et de s'engager dans des décisions collaboratives. L'apprentissage à partir des connaissances et des expériences des autres est l'un des plus grands avantages de ces projets. Les discussions de groupe sur des plateformes comme Slack ou Discord pour les équipes de développement permettent aux consultants novices de se former en direct grâce aux retours de développeurs plus expérimentés. Cela peut également éveiller l'esprit créatif dans la résolution de problèmes, en stimulant l'ingéniosité nécessaire pour relever les défis du développement en COBOL.

Un autre aspect crucial de l'utilisation des projets de groupe au sein de votre parcours est de veiller à documenter vos contributions. Cela inclut le codage réel, mais aussi la participation aux discussions, la résolution de conflits, et la gestion de projets, souvent via des outils comme Git pour le versionnage de code. Établir une documentation claire et concise de vos contributions non seulement améliore vos compétences en communication technique, mais solidifie également votre position en tant que membre précieux de l'équipe. Ceci est particulièrement pertinent lorsque vous vous préparez à passer d'un rôle de contribution à un rôle de leadership au sein de projets futurs, car la capacité à articuler clairement des idées techniques est précieuse tant pour vous que pour ceux qui apprendront sous votre supervision.

En outre, choisir de travailler sur des projets open source dans un contexte de groupe peut substantiellement enrichir votre portefeuille. Les contributions open source, en particulier celles qui apportent des solutions aux besoins d'une large communauté, sont souvent très visibles, augmentant ainsi votre visibilité dans le monde professionnel. Elles démontrent non seulement vos compétences techniques, mais également une initiative et une volonté de contribuer à des projets qui ont une portée et une signification au-delà des bénéfices immédiats. Cela affirme que vous êtes quelqu'un qui pense à l'impact à long terme de votre travail, une qualité prisée dans le conseil COBOL où les systèmes sur lesquels vous travaillez sont souvent critiques pour les opérations commerciales.

Tout en capitalisant les acquis des projets de groupe, il est aussi essentiel de nouer des relations avec d'autres participants. Ces contacts peuvent être inestimables pour votre cheminement professionnel. En dialoguant et en collaborant régulièrement avec vos pairs, vous tissez des liens qui peuvent donner lieu à de futures collaborations ou recommandations professionnelles. De plus, bâtir une réputation de collaborateur fiable et compétent peut vous mettre en avant lorsqu'il s'agit de choisir des leaders de projet ou des consultants pour des missions spécifiques.

En conclusion, l'implication dans des projets de groupe est une stratégie incontournable pour tout consultant COBOL souhaitant renforcer son portefeuille professionnel et acquérir de l'expérience. Grâce à ces interactions collaboratives, les consultants ne découvrent pas seulement de nouvelles compétences techniques, mais aussi des compétences interpersonnelles et stratégiques nécessaires pour exceller dans des environnements complexes. C'est en utilisant pleinement ces opportunités que vous vous ferez remarquer comme un consultant compétent, déjà prêt à relever les défis des systèmes mainframe à grande échelle.

Chapitre 13
La sécurité dans les
applications COBOL.

Principes de sécurité en développement COBOL

Le développement en langage COBOL, utilisé principalement dans les systèmes mainframe, requiert une attention particulière à la sécurité afin de préserver l'intégrité et la confidentialité des données traitées. Les principes de sécurité en développement COBOL reposent sur une compréhension approfondie des caractéristiques uniques de son environnement d'exécution ainsi que sur la mise en place de pratiques robustes pour protéger les données sensibles.

Premièrement, il est crucial de saisir la nature des systèmes dans lesquels COBOL opère. Les mainframes, bien qu'ils soient perçus comme des systèmes anciens, offrent une robustesse et une fiabilité inégalées. Toutefois, cette perception de solidité ne doit pas engendrer un relâchement des préoccupations en matière de sécurité. Les développeurs doivent veiller à ce que chaque ligne de code soit écrite avec la sécurité en tête, en minimisant les points d'entrée pour les menaces potentielles. Une attention particulière doit être portée à l'intégrité des données, à la protection contre l'injection de code ainsi qu'à la sécurisation des communications entre les systèmes pour éviter la fuite d'informations sensibles.

Dans ce contexte, l'utilisation de pratiques de codage sécurisées devient essentielle. Les développeurs doivent constamment valider les entrées des utilisateurs, en s'assurant que ces inputs ne peuvent pas compromettre le système. Cela implique de filtrer rigoureusement les entrées et de manipuler les données avec des contrôles appropriés. L'une des vulnérabilités les plus courantes dans les applications COBOL est l'injection SQL, qui peut être exploitée si les entrées des utilisateurs ne sont pas correctement validées et traitées. En faisant une vérification stricte des entrées, les développeurs peuvent réduire considérablement le risque que ces vulnérabilités soient exploitées.

De plus, la complexité des systèmes mainframe requiert une diligence accrue dans l'isolation et la segmentation des processus. Les applications COBOL doivent être conçues pour minimiser les interconnexions inutiles entre les différents modules et processus, limitant ainsi l'impact potentiel qu'un échec de sécurité pourrait avoir. En favorisant une structure modulaire avec des points d'accès et des interconnexions strictement contrôlés, on évite les conséquences d'une cascade de failles.

L'utilisation de chiffrement est également un pilier central de la protection des données traitées par les programmes COBOL. Que ce soit pour les données en transit ou stockées, le chiffrement garantit que même si un accès non autorisé est observé, les informations ne peuvent être utilisées de manière malveillante sans les clés de décryptage appropriées. Cela est particulièrement vital lorsque les systèmes sont interconnectés avec des réseaux externes ou via internet où les risques de compromission sont plus élevés.

Outre ces mesures techniques, la gestion des accès est une considération majeure qui nécessite une diligence constante. L'adoption de politiques d'authentification strictes et la réduction des privilèges d'accès minimisent les risques associés aux abus internes et aux erreurs d'utilisateurs. Les systèmes doivent être configurés de manière à ce que chaque utilisateur ait seulement les droits nécessaires pour accomplir son travail, suivant ainsi le principe du moindre privilège. Ce concept doit être rigoureusement respecté pour éviter qu'un employé ou un consultant ne puisse accidentellement ou intentionnellement accéder à des données qui ne sont pas pertinentes pour leur rôle.

Enfin, l'éducation et la sensibilisation à la sécurité parmi les développeurs et les utilisateurs des systèmes COBOL ne doivent pas être sous-estimées. Les menaces évoluent continuellement, et un programme de formation continue est essentiel pour garder les équipes à jour sur les dernières menaces et les pratiques de sécurité. En cultivant une culture de la sécurité, les organisations peuvent renforcer leur posture de sécurité et s'assurer que chaque membre de l'équipe contribue activement à la protection des systèmes critiques.

En conclusion, le développement sécurisé en COBOL est un effort multidimensionnel qui requiert une combinaison de pratiques de codage sûres, d'une bonne gestion des droits d'accès, et d'une culture organisationnelle qui valorise la sécurité. En adoptant ces principes, les développeurs de COBOL peuvent garantir que leurs applications non seulement fonctionnent correctement, mais résistent également aux menaces qui pourraient compromettre un système mainframe précieux et ses données.

Analyse des menaces dans les systèmes mainframe

Dans le monde des technologies de l'information, le rôle primordial des systèmes mainframe est indiscutable, souvent considérés comme les piliers de l'infrastructure informatique dans les grandes entreprises. Pourtant, à une époque où les cybermenaces évoluent sans cesse, il est impératif d'analyser les vulnérabilités spécifiques auxquelles ces systèmes peuvent être confrontés. Les mainframes, bien qu'ils soient réputés pour leur fiabilité et robustesse, ne sont pas à l'abri des menaces diverses qui peuvent compromettre l'intégrité et la sécurité des données qu'ils traitent.

L'analyse des menaces dans les systèmes mainframes commence par comprendre la nature des risques potentiels. Traditionnellement, ces systèmes bénéficient d'une position relativement sécurisée du fait de leur architecture fermée. Toutefois, avec l'essor de l'Internet of Things (IoT), des services basés sur le cloud, et des API ouvertes, les mainframes s'interfacent de plus en plus avec d'autres systèmes. Cela élargit considérablement leur surface d'attaque. Les cybercriminels peuvent exploiter des failles par le biais de connexions réseau insuffisamment sécurisées ou à travers des applications héritées qui n'ont pas été mises à jour avec les derniers correctifs de sécurité. L'audit régulier de ces interfaces est crucial pour identifier et corriger les vulnérabilités avant qu'elles ne soient exploitées.

Un autre facteur de risque souvent sous-estimé provient de l'intérieur de l'organisation elle-même. Les accès privilégiés, souvent accordés de manière excessive ou non révoqués après qu'un employé a quitté l'organisation, sont l'une des principales menaces pour la sécurité des mainframes. Il devient alors vital de superviser activement les accès et de s'assurer qu'ils sont limités au minimum nécessaire pour accomplir un travail spécifique. Une politique robuste de gestion des identités et des accès (IAM) est indispensable pour gérer efficacement les niveaux d'autorisation et protéger les données sensibles contre des accès non autorisés.

Par ailleurs, les menaces avancées persistantes (APT) constituent une autre catégorie importante à considérer. Ces attaques sophistiquées ne cherchent pas à pénétrer immédiatement le système mais préfèrent s'infiltrer discrètement, acquérir des droits accrus sur une période prolongée et bloquer tous les mécanismes de détection avant de procéder à un exfiltration massive d'informations sensibles. La détection proactive de telles menaces implique une compréhension approfondie de l'activité réseau habituelle et la mise en place de systèmes capables de signaler toute anomalie potentielle. Des solutions comme l'analyse comportementale et les systèmes de détection d'intrusions (IDS) peuvent fournir une ligne de défense cruciale contre ces types d'attaques.

La cybersécurité des mainframes est aussi confrontée à la menace d'attaques de déni de service (DoS). Bien que les mainframes soient conçus pour supporter des volumes de transactions extrêmement élevés, une attaque DoS bien orchestrée peut les paralyser temporairement, entraînant des interruptions de service qui peuvent coûter très cher en termes de productivité et de réputation. Pour atténuer ces risques, une stratégie de redondance réseau efficace ainsi que la mise en place de pare-feux et de systèmes de prévention des intrusions (IPS) sont vivement conseillés. Ces mesures doivent être régulièrement testées et mises à jour pour se prémunir contre l'évolution constante des techniques des attaquants.

En résumé, l'analyse des menaces dans les systèmes mainframe requiert une approche proactive et stratifiée. Cela implique non seulement de comprendre le paysage des menaces actuel mais également de prévoir les évolutions futures. La mise en œuvre de pratiques de sécurité rigoureuses, de la surveillance constante et de la formation continue des personnels concernés sont des éléments essentiels pour renforcer la résilience des systèmes mainframe contre les cybermenaces. Pour garantir la sécurité continue de ces systèmes critiques, il est impératif d'adopter une posture de sécurité adaptative et dynamique, capable de répondre efficacement à un éventail de menaces existantes et émergentes.

Meilleures pratiques de sécurité des données

La sécurité des données constitue un aspect essentiel dans le développement d'applications COBOL, particulièrement dans les environnements utilisant des mainframes, où circulent et se stockent bon nombre d'informations critiques pour le fonctionnement des entreprises. En raison de sa conception originale, où la robustesse et la fiabilité étaient primordiales, le langage COBOL bénéficie d'une architecture qui, sur papier, assure certaines protections. Toutefois, avec l'augmentation des menaces en cybersécurité et l'évolution constante des technologiques, il reste crucial pour les développeurs et les consultants en COBOL de maîtriser les meilleures pratiques de sécurité des données.

Pour débuter, l'une des priorités consiste à évaluer avec précision où se trouvent les données sensibles et comment elles sont utilisées. Les systèmes mainframe, de par leur nature centralisée, permettent une certaine facilité de gestion des accès. Cependant, cette centralisation signifie également que les informations critiques sont regroupées en un point, ce qui peut attirer les cyberattaques. Il est donc indispensable d'implémenter une segmentation rigoureuse des bases de données afin de s'assurer que seules les personnes strictement autorisées puissent accéder à certaines informations. Les clusters de données doivent être isolés selon des besoins définis et revus régulièrement pour répondre aux exigences de conformité et de sécurité. Par exemple, les développeurs ne devraient peut-être pas avoir accès aux numéros de sécurité sociale, même s'ils mettent à jour les logiciels qui les traitent.

En parallèle, chiffrer les données à chaque phase de leur parcours reste un outil essentiel. Que ce soit lors de leur stockage, lors de leur déplacement interne ou lors de leur transfert extérieur, toutes les données doivent être protégées par des systèmes de chiffrement modernes et continuellement mis à jour. Cette mise à jour est cruciale car les algorithmes de chiffrement, même les plus puissants, deviennent susceptibles aux avancées des techniques de déchiffrement. De plus, si des données transitent au-delà des frontières d'une entreprise, l'utilisation de fournisseurs de services certifiés et de solutions de protection des données doit être une priorité absolue.

Un autre élément crucial à prendre en compte est la détection précoce de la vulnérabilité des systèmes. Cela peut être fait en effectuant régulièrement des tests de pénétration. Ces tests simulent des attaques réelles pour révéler les faiblesses qu'un tiers malveillant pourrait exploiter. En conséquence, ces simulations offrent l'opportunité de corriger les failles avant qu'elles ne deviennent des portes d'entrée pour les cyberattaques. De surcroît, les audits fréquents de code sont indispensables. Ces audits révèlent des vulnérabilités dans la programmation elle-même, qui pourrait involontairement laisser certaines données exposées.

Une autre pratique essentielle implique la formation et la sensibilisation continue de tous les employés. Même les solutions technologiques les plus avancées ne seront d'aucune utilité si les utilisateurs finaux ne sont pas suffisamment informés des pratiques sûres que requièrent les systèmes. Ainsi, des formations régulières permettent de garantir que chaque intervenant dans le développement ou la gestion des applications COBOL est parfaitement conscient des menaces et des pratiques pour les prévenir.

De plus, gestionner les droits et les autorisations avec la plus grande minutie est crucial dans la sécurisation des données. L'implémentation d'un contrôle strict des identités, autorisé par un système d'authentification à multiples facteurs, reste crucial pour savoir qui peut accéder à certaines informations. En pratique, aucun système n'est trop sécuritaire pour envisager la théorie de l'inévitable incident de sécurité, c'est pourquoi un plan de réponse robuste doit être en place pour minimiser l'impact de tout incident éventuel. Ces mesures permettront de tracer plus facilement et plus efficacement toute intrusion.

En conclusion, sécuriser les données dans un environnement COBOL exige une approche à plusieurs niveaux intégrant technologique, humaine et organisationnelle. Les développeurs et les consultants doivent incorporer systématiquement ces meilleures pratiques dans leur méthodologie de travail pour garantir une protection étanche des informations traitées via les systèmes mainframe, en veillant à rester informés des évolutions futures dans le domaine de la cybersécurité. L'accent mis sur la sécurité ne doit jamais être relâché car il représente une composante essentielle non seulement pour protéger les actifs d'une entreprise mais aussi pour maintenir la confiance de leurs clients dans un univers digital de plus en plus risqué.

Gestion des accès et authentification

La gestion des accès et l'authentification sont des piliers essentiels de la sécurité dans les systèmes mainframe, et plus spécifiquement dans les environnements COBOL. Ces systèmes, bien que souvent perçus comme vieux, constituent encore aujourd'hui l'épine dorsale de nombreux secteurs critiques tels que la finance, la santé, ou le gouvernement. C'est pourquoi assurer la sécurité des données et des transactions est primordial et requiert une attention particulière.

Lorsqu'il s'agit de gérer les accès, le souci est avant tout de garantir que seules les personnes autorisées puissent accéder à certaines informations ou fonctionnalités du système. Le contrôle d'accès est donc la première ligne de défense. Cela commence par une identification efficace des utilisateurs. Chaque utilisateur doit avoir des identifiants uniques; lorsqu'il se connecte, le système doit valider son identité à l'aide d'un processus d'authentification robuste. Traditionnellement, cela implique un nom d'utilisateur et un mot de passe. Cependant, étant donné les vulnérabilités inhérentes à cette méthode, de plus en plus de systèmes adoptent des approches multi-factorielles qui intègrent, en plus du mot de passe, un facteur d'authentification supplémentaire tel que l'envoi d'un code sur un appareil sécurisé ou l'utilisation de données biométriques.

Il est également crucial de s'assurer que les utilisateurs ne disposent que des droits d'accès dont ils ont besoin pour exécuter leurs fonctions. Ce principe, dit de moindre privilège, limite les risques liés à des accès non autorisés ou à des actions malveillantes internes. Par exemple, un développeur en charge de la maintenance d'un programme COBOL n'a pas besoin d'accéder aux données de production, qui doivent être réservées aux utilisateurs dédiés à ces opérations. Les politiques de contrôle d'accès doivent être régulièrement revues et mises à jour pour s'adapter aux changements dans l'organisation et dans les rôles des utilisateurs.

Une autre dimension critique de la gestion des accès est la traçabilité. Il est essentiel de suivre et d'enregistrer toutes les tentatives d'accès, réussies ou échouées, pour détecter et analyser les comportements suspects. Ces journaux d'accès doivent être conservés et analysés régulièrement afin d'identifier des schémas potentiels d'abus ou de vulnérabilités. Des solutions de gestion de la sécurité des informations et des événements (SIEM) sont souvent mises en œuvre pour faciliter cette tâche en automatisant la collecte et l'analyse des données de sécurité.

L'authentification elle-même ne se limite pas à la simple vérification des informations d'identification pendant la connexion. Un aspect souvent négligé est l'authentification continue qui consiste à vérifier régulièrement, même après la connexion initiale, que l'utilisateur est toujours légitime. Par exemple, des sessions inactives doivent être automatiquement déconnectées après une période d'inactivité prédéfinie pour éviter les risques liés aux sessions abandonnées.

Les défis liés à la gestion des accès et à l'authentification dans les systèmes mainframe, notamment ceux utilisant COBOL, incluent aussi l'intégration avec les infrastructures modernes. De nombreuses entreprises adoptent des environnements hybrides, combinant des systèmes mainframes avec des infrastructures cloud, ce qui requiert une gestion unifiée des identités et des accès à travers différentes plateformes. La gestion des identités et des accès doit être conçue de manière à fonctionner de manière fluide dans ces contextes hybrides afin de protéger efficacement l'ensemble de l'écosystème informatique.

Pour mettre en place une gestion des accès et une authentification efficaces dans un environnement COBOL, la collaboration entre les équipes de développement, de sécurité et d'exploitation est cruciale. Les développeurs doivent concevoir des applications qui intègrent dès le départ des concepts de sécurité, tandis que les équipes de sécurité doivent s'assurer que les politiques et procédures appropriées sont en place. Les mises à jour régulières du système et le renforcement des mesures de sécurité en réponse aux nouvelles menaces identifiées doivent être intégrés comme une pratique standard.

Dans ce paysage en constante évolution, il est important pour les consultants COBOL de rester informés des dernières tendances et technologies en matière de sécurité afin de conseiller et de mettre en œuvre les meilleures solutions possibles pour leurs clients. La formation continue et la participation active à des forums et conférences sur la sécurité dans les environnements mainframe permettront de s'assurer que leurs connaissances restent actuelles. Ainsi, ils seront mieux préparés à aider les organisations à prévenir les violations de données coûteuses et à maintenir la confiance de leurs clients et de leurs parties prenantes.

Chapitre 14
Tendances futures et
l'évolution du COBOL.

L'impact de l'intelligence artificielle sur COBOL

L'intelligence artificielle (IA) a modifié considérablement le paysage technologique, et son impact sur le langage COBOL, bien que traditionnellement associé à des systèmes hérités, ne doit pas être sous-estimé. COBOL, utilisé principalement dans les systèmes financiers, gouvernementaux et autres infrastructures critiques, se trouve à un carrefour où sa capacité à s'adapter et à évoluer avec l'intelligence artificielle pourrait bien déterminer sa pertinence dans les années à venir.

L'un des principaux effets de l'IA sur COBOL est apparu sous la forme d'outils qui facilitent la vérification, la correction et même l'optimisation des anciens codes. Les programmes COBOL, souvent écrits des décennies plus tôt, peuvent contenir des erreurs non détectées ou nécessiter une refactorisation pour répondre aux normes actuelles. Des systèmes d'intelligence artificielle sont utilisés pour automatiser une grande partie de ce travail, analyser des millions de lignes de code et identifier les points faibles ou inefficaces avec une précision qui dépasse celle des méthodes humaines traditionnelles. Cela permet non seulement d'améliorer l'efficacité du code, mais aussi de prolonger la durée de vie des applications basées sur COBOL, en les rendant plus robustes et maintenables.

En outre, l'IA joue un rôle essentiel dans la transition intergénérationnelle des compétences en COBOL. La plupart des experts COBOL étant sur le point de prendre leur retraite, l'IA est utilisée pour créer des outils d'apprentissage et de formation. Des simulateurs propulsés par l'IA peuvent fournir aux nouveaux développeurs des environnements de formation immersifs, permettant aux non-initiés d'acquérir les compétences nécessaires plus rapidement et efficacement que jamais. Ces environnements peuvent simuler des problèmes du monde réel et évaluer la capacité des apprenants à appliquer leurs connaissances, facilitant ainsi une transition plus douce pour la génération future.

L'application de l'intelligence artificielle à COBOL n'est pas limitée à la rétrocompatibilité ou à l'éducation; elle repousse également les frontières de ce que COBOL peut accomplir. Par exemple, certaines entreprises ont commencé à intégrer des systèmes d'intelligence artificielle pour enrichir les capacités analytiques des systèmes mainframes existants. Cette symbiose permet de résoudre des problèmes complexes de gestion des données et fournit de nouvelles analytique et perspectives qui étaient impossibles à obtenir avec des méthodes plus traditionnelles. L'analyse prédictive, l'optimisation des opérations et les analyses en temps réel sont désormais des réalités tangibles.

Une autre dimension de l'impact de l'intelligence artificielle sur COBOL réside dans l'amélioration continue des langages et environnements de développement associés. De nouvelles interfaces propulsées par l'IA rendent le développement avec COBOL plus intuitif. Les développeurs peuvent profiter des suggestions intelligentes de codage, de la complétion automatique et des analyses de performance dynamiques, réduisant ainsi le temps de développement et augmentant la qualité globale des logiciels produits. Cela augmente également l'attractivité de COBOL pour les jeunes développeurs, qui souvent hésitent à travailler avec des langages considérés comme obsolètes.

Il est toutefois important de reconnaître les défis inhérents à cette dynamique. L'intégration de l'intelligence artificielle dans les systèmes COBOL nécessite des investissements substantiels tant en termes de temps que de ressources humaines et financières. Il existe un enjeu stratégique conséquent autour de la gestion de la transition, pour s'assurer que l'IA ne s'intègre pas de manière perturbatrice mais plutôt comme un élément harmonieux de l'écosystème existant. Cependant, les perspectives sont prometteuses pour ceux qui, ayant su anticiper ces changements, sont désormais en position de bénéficier des synergies proposées.

Alors que le rythme rapide de l'évolution technologique continue de redéfinir nos approches conventionnelles, l'impact de l'intelligence artificielle incite les décideurs à revaloriser les systèmes legacy comme COBOL plutôt que de simplement les remplacer. Cette mentalité progressiste engage une démarche de modernisation intelligente qui joue à la fois sur la sécurité qu'apporte la fiabilité éprouvée de COBOL et sur l'innovation fournie par les technologies émergentes, créant ainsi un avenir où le langage reste pertinent et puissant. En fin de compte, le chemin à suivre pour COBOL est complexe mais prometteur, franchissant le gouffre entre le connu et l'inconnu, entre les systèmes traditionnels et les promesses de technologies avant-gardistes, renforcé et redéfini par l'impulsion de l'intelligence artificielle.

La question n'est donc pas tant de savoir si COBOL survivra à l'ère de l'IA mais plutôt comment il continuera de s'adapter et de prospérer, évoluant avec les nouvelles technologies tout en préservant l'héritage inestimable des systèmes critiques qu'il continue de traverser depuis des décennies.

Nouveaux outils et mises à jour de COBOL

Le monde de la programmation évolue constamment, et le langage COBOL n'a pas fait exception à la règle. Face aux défis modernes et aux avancées technologiques, il a su évoluer et s'adapter, en conservant sa pertinence dans des environnements critiques tout en accueillant de nouveaux outils et mises à jour. L'évolution de COBOL n'est pas seulement un ajustement de syntaxe ou la résolution de bugs, mais une véritable transformation visant à le maintenir efficace et pertinent face aux exigences contemporaines.

Un des développements les plus notables dans ce domaine est l'intégration d'interfaces graphiques et d'environnements de développement moderne qui rendent le travail quotidien plus efficace et intuitif. De nouvelles plateformes d'édition permettent aux développeurs de naviguer facilement à travers le code COBOL et de le manipuler avec une fluidité comparable à celle que l'on retrouve dans les environnements de développement utilisés pour des langages récents comme Python ou Java. Ces outils améliorent non seulement l'expérience de codage, mais rendent également le processus plus productif, en simplifiant le débogage et en facilitant l'intégration de modules supplémentaires.

COBOL s'est également enrichi d'outils facilitant la mise en œuvre de pratiques de développement modernes telles que l'intégration continue et le déploiement continu. Ces pratiques, devenues des normes dans le développement logiciel moderne, permettent d'apporter des modifications incrémentielles au code et de les déployer plus rapidement, assurant ainsi que les systèmes critiques restent à jour et opérationnels avec une interruption minimale. De nombreuses solutions existent pour accompagner COBOL dans des pipelines de DevOps, rendant les mainframes plus accessibles aux approches pas toujours associées historiquement avec ces systèmes pourtant robustes.

Parallèlement, les outils de conversion et de modernisation ont également fait des progrès significatifs. Il n'est plus nécessaire de réécrire entièrement le code COBOL pour le rendre compatible avec les technologies modernes; aujourd'hui, des outils sont capables de passerelle le code vers des environnements plus contemporains, tout en maintenant la structure et l'efficacité qui sont la marque de fabrique de COBOL. Ces outils permettent par exemple de rendre les données traitées par COBOL accessibles dans un format API, ouvrant ainsi les systèmes mainframes au monde des services web et rendant leur intégration dans un écosystème IT plus large plus aisée.

Les mises à jour récentes dans le langage ont également pris en charge les besoins croissants de sécurité et de performance. Face à l'augmentation constante des cybermenaces, de nombreux frameworks autour de COBOL ont incorporé des fonctionnalités qui permettent une gestion proactive des risques de sécurité. Les mises à jour fréquentes assurent que le langage réponde aux nouvelles normes et régulations qui se durcissent avec le temps, rendant les systèmes mainframes renforcés et résilients. Avec des améliorations au niveau de la gestion des bases de données et des communications réseautiques, COBOL continue de garantir efficacité et sécurité, nécessaires pour traiter des millions de transactions bancaires et autres opérations critiques mondiales.

D'autre part, l'intégration de COBOL avec des technologies émergentes continue de croître. La compatibilité avec le cloud cette fois-ci, est renforcée par la capacité de certains outils à faire tourner des applications COBOL dans des environnements conteneurisés, tels que Docker et Kubernetes. Cela permet de tirer parti de l'élasticité et de la résilience des architectures cloud, tout en maintenant une continuité avec les processus métier existants. Ces mises à jour et nouveaux outils renforcent la durabilité du langage et facilitent son intégration avec des systèmes contemporains.

Finalement, l'engagement à maintenir COBOL pertinent ne se vérifie pas seulement à travers des outils pratiques, mais aussi dans l'effort soutenu de la communauté et des éditeurs pour améliorer la documentation et proposer des ressources éducatives mises à jour.

Cela a permis de diminuer l'obstacle à l'entrée pour les nouveaux développeurs qui souhaitent se spécialiser dans ce langage ancien mais fondamental, et a ainsi contribué au renouvellement d'une main d'œuvre qualifiée et investie. Les développements récents et les mises à jour de COBOL non seulement maintiennent le langage en vie, mais lui permettent de prospérer dans un paysage technologique en constante évolution, garantissant que des systèmes sur lesquels repose l'économie mondiale continueront d'être fiables et performants pour les décennies à venir. C'est une illustration parfaite de la manière dont un langage perçu comme ancien continue d'évoluer et de s'adapter aux besoins toujours changeants de l'industrie informatique moderne.

La place de COBOL dans l'univers des big data

Le langage de programmation COBOL, né dans les années 1960, a souvent été perçu comme une relique du passé, cantonnée aux systèmes anciens. Pourtant, dans l'ère contemporaine, il s'avère que COBOL a encore beaucoup à offrir, notamment dans l'univers en expansion des big data. Comprendre comment COBOL s'insère dans le paysage moderne des technologies des données peut sembler paradoxal à première vue, mais une analyse plus approfondie dévoile son caractère irremplaçable à plusieurs égards.

Depuis ses débuts, COBOL s'est imposé comme un langage privilégié dans le traitement des transactions financières et commerciales en raison de sa robustesse et de sa fiabilité. Les mainframes, où COBOL est omniprésent, continuent de gérer une partie substantielle des opérations critiques, telles que les transactions bancaires, les réservations de billets et la gestion des assurances. C'est précisément cette longévité et cette fiabilité qui lui confèrent une pertinence dans l'écosystème des big data. Là où les big data concernent souvent la collecte et l'analyse d'une multitude de données non structurées issues de diverses sources, COBOL a une expertise démontrée dans le traitement et la gestion de grands volumes de données structurées. Cette capacité est essentielle au moment où les systèmes d'information doivent s'intégrer harmonieusement avec des entrepôts de données massifs et des frameworks d'analyse de plus en plus complexes.

Les entreprises évoluant dans des secteurs régulés où la précision et la survie des données financières héritées sont critiques, font le choix d'intégrer des composants COBOL à leurs solutions de big data. Grâce à des technologies complémentaires telles que Hadoop et Spark, il est possible de concevoir des ponts entre l'ancien monde du traitement par batch, propre à COBOL, et les exigences modernes des traitements de flux en temps réel. Avec les connecteurs appropriés, ces systèmes peuvent échanger des données, les enrichir et les rendre disponibles à des fins d'analyse dans un cadre plus large de big data. Ainsi, COBOL devient une pièce maîtresse dans la pérennisation des systèmes traditionnels tout en explorant de nouvelles dimensions analytiques.

La modernisation des environnements de mainframe garantit que COBOL reste pertinent dans ce mix technologique. L'adaptation de COBOL dans des architectures orientées cloud et sa capacité à supporter de nouvelles API s'intègrent naturellement dans l'équation big data pour offrir un service complet du traitement et de l'analyse des données. Ajoutez à cela les progrès réalisés dans l'optimisation des performances des processeurs qui composent les mainframes modernes, et vous obtenez des systèmes capables de gérer de vastes séries de données bien au-delà des préconçus liés aux limitations de l'infrastructure classique.

Ensuite, la sécurité et l'intégrité des données sont des préoccupations centrales dans la sphère des big data. COBOL, avec sa profonde compréhension des transactions sécurisées et sa capacité à maintenir une infra-ligne durable pour le traitement des données commerciales, s'associe stratégiquement aux plateformes big data focalisées sur la protection des données sensibles. Cette efficacité en matière de sécurité est accentuée par l'utilisation des mainframes qui héritent des standards de sécurité les plus rigoureux.

Enfin, il est crucial de comprendre la contribution de COBOL dans la démarche de transition vers des systèmes d'analyse avancés. Plutôt que de remplacer purement et simplement l'ancienne structure donnée par COBOL, les entreprises trouvent un avantage compétitif à transformer leur infrastructure existante pour répondre aux nouvelles nécessités analytiques des big data. C'est dans cette perspective que COBOL s'associe aux big data en facilitant une transition en douceur des connaissances accumulées à travers des décennies d'utilisation fiable.

Le passage de COBOL dans l'univers des big data n'est pas simplement une histoire de survie, mais plutôt une fusion habile entre les anciennes et nouvelles technologies. En conjurant efficience traditionnelle et innovation, COBOL continue de jouer un rôle indispensable en fournissant l'ossature nécessaire pour la gestion et l'exploitation de grandes quantités de données dans un monde où la demande pour une meilleure compréhension de l'information ne cesse de croître. Ainsi, loin d'être en voie de disparition, COBOL se réinvente continuellement pour accompagner les transformations technologiques, assurant son avenir dans cet univers en rapide évolution qu'est celui des big data.

Sustainable computing et modernisation des mainframes

Dans un monde de plus en plus préoccupé par l'impact environnemental des technologies digitales, le concept de "Sustainable computing" ou informatique durable devient une préoccupation centrale. Cela implique une gestion consciente et responsable des ressources informatiques, réduisant l'empreinte écologique tout en optimisant l'efficacité opérationnelle. Cette perspective est particulièrement pertinente pour les systèmes mainframes, où le langage COBOL s'avère crucial. Historiquement, les mainframes ont été critiqués pour leur consommation énergétique élevée, mais leur durabilité dépend principalement de l'efficacité des programmes qui y opèrent. COBOL, avec son efficacité et sa robustesse éprouvée, s'avère souvent un atout indéniable dans la transition vers une informatique plus durable.

Les mainframes modernes, grâce aux avancées technologiques, ont réduit de manière significative leur consommation énergétique. Cette réduction est en grande partie due à l'amélioration des systèmes de refroidissement, à l'optimisation des processus de traitement de données et à l'évolution des composants matériels vers des versions plus économes en énergie. En parallèle, la modernisation des applications COBOL joue un rôle central. En révisant et optimisant le code existant, les consultants en COBOL sont capables de réduire les cycles d'instruction et d'améliorer l'utilisation des ressources, contribuant ainsi à améliorer l'efficacité énergétique globale des systèmes.

Par ailleurs, la modernisation des mainframes inclut souvent l'intégration avec les technologies cloud. Cette hybridation permet de répartir les charges de travail, optimisant encore plus l'utilisation des ressources. De nombreux environnements cloud proposent aujourd'hui des solutions de mainframes virtuels, qui bénéficient d'une capacité de montée en charge adaptée et consomment de l'énergie uniquement en fonction des besoins, ce qui s'aligne parfaitement avec l'objectif de durabilité. Le rôle du consultant COBOL s'étend ici à l'établissement de ponts entre l'ancien et le nouveau, en s'assurant que les systèmes traditionnels peuvent se connecter sans heurts aux infrastructures modernes. En garantissant une interface cohérente entre les technologies anciennes et nouvelles, les consultants en COBOL facilitent la continuité opérationnelle nécessaire au processus de modernisation.

Cependant, la modernisation ne passe pas uniquement par des changements technologiques ; elle repose également sur l'évolution des compétences humaines. C'est un domaine où le rôle du consultant COBOL est indispensable. L'informaticien spécialisé dans ce langage doit non seulement maîtriser l'historique des systèmes existants mais aussi comprendre les nouveaux paradigmes de programmation orientés vers la durabilité. Cela implique une formation continue et un apprentissage perpétuel des nouvelles technologies et des pratiques vertes en informatique. En éduquant les équipes sur ces approches et en adoptant une posture de consultant qui recommande et met en œuvre des solutions respectueuses de l'environnement, ces professionnels deviennent des acteurs clés de la transition énergétique dans l'infrastructure informatique.

En outre, l'usage de l'intelligence artificielle et des technologies de l'apprentissage automatique offre de nouvelles perspectives pour le développement de systèmes mainframes durables. Les algorithmes peuvent être formés pour identifier et prévoir les goulots d'étranglement de l'utilisation des ressources, permettant aux systèmes de s'auto-optimiser, d'adapter dynamiquement les charges de travail, et de minimiser le gaspillage énergétique. Cette approche proactive aux opérations de traitement des données est déjà en voie de développement au sein des environnements COBOL modernes.

Enfin, cette quête pour une informatique durable et l'adaptation continue des systèmes mainframes interrogent sur la place de l'ancien et du moderne. Plutôt que de concevoir les systèmes hérités comme des poids moindres, de nombreux leaders du secteur les perçoivent maintenant comme des fondations solides sur lesquelles bâtir de nouvelles solutions. Les mainframes restent des piliers de l'infrastructure informatique globale grâce à leur stabilité et fiabilité. Il est crucial que les usages actuels des systèmes mainframes et programs en COBOL soient non seulement entretenus mais aussi développés avec une perspective durable. Cette vision stratégique inclut la responsabilité partagée entre les concepteurs de systèmes, les parties prenantes des entreprises, et les consultants individuels dont la tâche est d'orienter de manière légitime et durable les efforts de modernisation.

En conclusion, l'informatique durable et la modernisation des mainframes sont des objectifs atteignables, conditionnés par l'optimisation des technologies existantes et l'introduction de nouvelles méthodes. Les systèmes COBOL, en tant qu'exemples d'une technologie perdurante, ajoutent une couche significative de responsabilité écologique dans cet effort global. Les consultants spécialisés sont appelés à devenir des gardiens de cette transition, en intégrant outils modernes tout en respectant l'intégrité des bases existantes.

Chapitre 15
Conclusion et perspectives d'avenir.

Synthèse des compétences essentielles

Dans le domaine de la technologie moderne, où l'innovation et les langages de programmation évoluent à une vitesse fulgurante, le COBOL (Common Business Oriented Language) pourrait sembler anachronique, voire désuet. Cependant, il s'avère être une pierre angulaire discrète mais essentielle des systèmes informatiques mondiaux, principalement en raison de sa robustesse dans le traitement de gros volumes de transactions. Pour un consultant COBOL aspirant à se démarquer dans cette niche, il est impératif de maîtriser un ensemble spécifique de compétences principales qui vont bien au-delà de la simple compréhension du langage. Ces compétences fondateurs forment le socle sur lequel repose la capacité à résoudre des problèmes complexes, à maintenir et à évoluer les systèmes existants, et à guider les entreprises dans des transitions technologiques cruciales.

Premièrement, une compréhension approfondie du COBOL lui-même est évidemment indispensable. Bien que semblant simple par rapport à certains des langages de programmation modernes, il offre une syntaxe particulière et des structures qui nécessitent une rigueur et une attention soutenues. Il est essentiel pour le consultant de comprendre comment écrire, lire et modifier des programmes COBOL avec clarté et précision afin de garantir la continuité des affaires dans une variété d'industries, surtout dans les secteurs bancaires, financiers et gouvernementaux où ce langage est encore très présent. Les meilleures pratiques de programmation en COBOL, telles que la documentation efficace de code et l'utilisation optimale des sections de données, sont essentielles pour maintenir l'efficacité et la lisibilité des programmes en opération.

Ensuite, la connaissance des mainframes est cruciale, étant donné que COBOL est principalement exécuté sur ces systèmes. Les mainframes ont des caractéristiques uniques qui nécessitent une compréhension spécialisée, notamment dans la gestion des ressources, la sécurisation des données et le traitement des transactions de manière fiable et rapide. Le nouvel arrivant dans ce domaine doit être capable de naviguer dans des environnements z/OS, comprendre ses fonctionnalités et assurer l'exploitation fluide des missions critiques sous JCL (Job Control Language). Le JCL, bien que souvent intimidant pour les non-initiés en raison de sa verbosité et de sa syntaxe stricte, est un outil incontournable permettant d'invoquer et d'exécuter des programmes COBOL correctement.

Par ailleurs, une compétence cruciale pour un consultant COBOL moderne est l'adaptabilité technologique. Étant donné le rythme rapide de transformation numérique, savoir intégrer les systèmes COBOL existants dans de nouveaux paradigmes technologiques, tels que le cloud computing ou l'analyse de données en temps réel, donne un avantage compétitif significatif. Les consultants doivent donc également avoir une compréhension des API modernes et des méthodes permettant de créer des passerelles vers des environnements technologiques plus récents.

En outre, des compétences interpersonnelles jouent un rôle non négligeable dans la réussite de tout consultant. La capacité à communiquer efficacement avec les parties prenantes de l'entreprise, qu'il s'agisse de dirigeants, de techniciens ou de clients, permet d'assurer une mise en œuvre harmonieuse des solutions proposées. Un bon consultant sait non seulement expliquer des concepts techniques en termes accessibles à des non-spécialistes, mais doit également écouter activement pour bien comprendre les besoins métiers et y répondre de manière adaptée.

Enfin, une compréhension des affaires et des processus métiers dans lesquels les systèmes COBOL jouent un rôle est bénéfique. Le consultant doit être capable d'aligner les solutions techniques sur les objectifs stratégiques des organisations, transformant ainsi les défis techniques en opportunités de croissance et d'efficacité organisationnelle.

En cultivant ces compétences essentielles, un consultant COBOL n'a pas seulement les outils pour réussir; il se prépare également à contribuer de manière significative à des projets de transformation numérique où les systèmes mainframe, souvent supportés par des programmes COBOL, continuent à servir de colonne vertébrale à des infrastructures jusqu'ici irremplaçables. Cela positionne le consultant non seulement comme un expert technique mais aussi comme un acteur clé dans la stratégie de développement technologique de l'entreprise, assurant une pertinence pour les années à venir, même dans un avenir de plus en plus tourné vers l'innovation. Ce mariage de compétences techniques et de compréhension stratégique du métier constitue la base d'une carrière longue et fructueuse en tant que consultant COBOL.

Vision personnelle sur la carrière en tant que consultant COBOL

Dans l'univers en constante évolution des technologies de l'information, le rôle du consultant COBOL demeure un pilier de stabilité, de savoir et d'ingéniosité. De nombreux professionnels pourraient être tentés de minimiser l'impact de COBOL, le confinant à une époque révolue de l'informatique. Cependant, ceux qui ont fait l'expérience du travail sur des systèmes critiques, comme ceux utilisés dans les grandes banques ou les gouvernements, savent pertinemment que le langage COBOL est plus qu'une relique ; il est le cœur battant de bon nombre de nos infrastructures essentielles.

Choisir de devenir consultant COBOL est une décision qui s'ancre dans une reconnaissance de la valeur intemporelle de ce langage. Profondément enraciné dans l'histoire de l'informatique, COBOL offre une opportunité unique de travailler à l'intersection entre le passé et l'avenir technologique. Les consultants dans ce domaine jouissent d'un rôle respecté, non seulement en raison de la spécificité des connaissances requises, mais aussi grâce à la demande croissante envers des experts capables de naviguer, maintenir et moderniser des systèmes critiques développés il y a plusieurs décennies.

Ce qui rend la carrière de consultant COBOL particulièrement attractive, c'est sa résilience face aux modes technologiques qui se succèdent. Alors que de nombreux langages émergent et disparaissent, COBOL a su conserver sa pertinence en étant constamment mis à jour et optimisé. Ce constat inspire une vision professionnelle empreinte de stabilité et de pérennité. La longévité de ce langage, opérant en tandem avec les systèmes mainframe opérés sous JCL et Z/OS, assure aux consultants un rôle crucial pour la continuité des opérations des grandes organisations, contribuant à leur innovation sans compromettre leur fiabilité.

Sur un plan personnel, devenir consultant COBOL signifie s'engager sur un chemin où chaque résolution de problème technique ensemence un sol fertile de croissance et de satisfaction professionnelle. Il y a une immense satisfaction à savoir que son expertise soutient des transactions bancaires sécurisées, des systèmes gouvernementaux robustes, et des processus industriels essentiels. C'est une responsabilité qui transcende la simple programmation, demandant également des compétences analytiques pointues, une compréhension approfondie du fonctionnement des entreprises, ainsi qu'une capacité à anticiper, intercéder et rectifier des scénarios auxquels peu de techniciens modernes font face.

Avec ce rôle vient un rare prestige. En effet, dans un monde qui se précipite vers le "nouveau", le consultant COBOL prend position en tant qu'expert dans un domaine défiant les cycles traditionnels de l'adoption et de l'abandon technologique. Ce prestige se manifeste également à travers les opportunités de mentorat, puisque la transmission des compétences devient une tâche cruciale dans un secteur effectuant un passage de relais d'une génération à l'autre. Ici réside la chance unique d'influencer la prochaine vague de professionnels tout en menant sa propre carrière sur le devant de la scène technologique.

Et pourtant, les perspectives d'avenir pour les consultants COBOL ne se limitent pas à la maintenance. Avec l'avènement des concepts d'Intelligence Artificielle et de Big Data, de nouvelles portes s'ouvrent qui demandent l'intégration de systèmes traditionnels avec des méthodes modernes. Cette confluence offre un terrain de jeu excitant où le consultant COBOL peut devenir un intégrateur et un architecte de la transition numérique, guidant les projets qui joignent ces deux mondes.

Fondamentalement, exercer en tant que consultant COBOL ne consiste pas seulement à écrire des lignes de code, mais à incarner le lien entre la constance et l'innovation. C'est une carrière qui se nourrit d'un désir de rendre l'invisible visible, d'élucider les processus ensauvagés des systèmes hérités pour les adapter aux paradigmes dynamiques du futur. En choisissant cette voie, le consultant accepte un défi mais aussi une promesse : celle de cimenter son héritage dans la prouesse continue de la discipline qu'est COBOL, forgeant ainsi une voie distinctement visionnaire au sein du paysage technologique mondial.

L'influence de COBOL sur le futur des technologies

Dans un monde technologique en constante évolution, où les nouvelles technologies comme l'intelligence artificielle, le cloud computing et les applications mobiles dominent la conversation, COBOL pourrait passer inaperçu pour certains. Pourtant, COBOL, langage de programmation développé dans les années 1950, continue de jouer un rôle central dans l'infrastructure informatique mondiale, et son influence sur l'avenir des technologies ne peut être sous-estimée. La force fondamentale de COBOL réside dans sa stabilité, sa polyvalence et sa capacité à gérer de vastes volumes de données commerciales. Contrairement aux technologies modernes qui connaissent de fréquents cycles de mises à jour, COBOL continue de fonctionner de manière fiable, soutenant les systèmes critiques qui exigent une précision absolue. Les secteurs bancaires, gouvernementaux et d'assurance comptent parmi ceux qui s'appuient encore massivement sur les systèmes mainframe sous-tendus par des millions de lignes de code COBOL. Ce cadre a permis de maintenir des opérations efficaces au fil des décennies, notamment pour le traitement des transactions financières, la gestion des stocks et la tenue de registres complexes.

L'avenir des technologies ne se définit pas uniquement par de nouvelles innovations, mais également par la capacité à intégrer et optimiser les systèmes existants. À cet égard, COBOL joue un rôle crucial. Les mainframes continuent d'être une force puissante et stable dans le secteur informatique. Dans un contexte où les entreprises cherchent à combiner leurs systèmes hérités avec des solutions modernes pour rester compétitives, COBOL sert d'interface essentielle, garantissant que les nouvelles technologies peuvent collaborer efficacement avec les anciennes infrastructures. La compatibilité de COBOL avec des architectures modernes telles que l'API, ainsi que ses capacités de mise à l'échelle dans les environnements cloud, en font un atout indéniable. L'intégration de COBOL dans les projets d'ingénierie logicielle moderne montre à quel point le langage reste pertinent. Il offre une grande flexibilité lorsqu'il s'agit de réviser les fonctionnalités logicielles pour s'adapter aux nouvelles exigences de l'industrie.

Un autre aspect crucial de l'influence de COBOL concerne la sécurité et la conformité. Les réglementations se durcissent constamment pour protéger les données sensibles, et les systèmes basés sur COBOL, largement éprouvés, offrent des mécanismes de sécurité intégrés qui sont indispensables pour la conformité aux normes actuelles. Les entreprises doivent souvent investir massivement pour faire bénéficier leurs systèmes modernes des normes de sécurité et de résilience que les systèmes COBOL possèdent déjà de manière inhérente. Cette sécurité intégrée continue d'être un facteur attractif pour les entreprises cherchant à garantir une protection optimale de leurs données.

Alors que le monde continue de naviguer sur le chemin de la numérisation, il est évident que la main-d'œuvre qualifiée en COBOL deviendra encore plus précieuse. Les développeurs et les consultants spécialisés dans ce langage devraient non seulement être capables de gérer et de maintenir les systèmes existants, mais aussi de contribuer à réinventer ces systèmes pour aligner les infrastructures opérationnelles sur les besoins contemporains. Dans ce nouvel écosystème, le rôle des consultants COBOL devient d'autant plus critique, car ils représentent un pont entre les connaissances historiques et la vision technologique moderne. Ils possèdent non seulement les compétences nécessaires pour traiter les problèmes actuels, mais développent aussi une compréhension approfondie qui leur permet d'élaborer des solutions futures.

Enfin, la demande pour les compétences COBOL est renforcée par une tendance progressive mais constante vers le "re-scaling" numérique, où la priorité est donnée à l'optimisation et l'efficience, souvent facilités par des systèmes fiables et robustes comme ceux gérés par COBOL. Bien que les défis existent, notamment le manque de nouvelles générations formées à ce langage, les perspectives d'avenir pour COBOL sont assurément prometteuses. Tant que les systèmes d'aujourd'hui continueront de s'appuyer sur les technologies existantes, COBOL conservera sa pertinence et continuera d'avoir un impact significatif sur le paysage technologique mondial. Cette influence silencieuse, mais puissante, illustre non seulement l'importance du langage dans le maintien de la tradition mais aussi dans la forge d'une voie vers des technologies intégrées et évolutives.

Appel à l'action pour les futurs consultants COBOL

Devenir consultant COBOL est non seulement une décision stratégique judicieuse dans le paysage technologique actuel, mais c'est aussi une aventure enrichissante et pleine de potentiel. En choisissant cette voie, vous vous placez aux avants-postes d'une technologie qui, malgré son ancienneté, demeure cruciale dans le monde des affaires. Les systèmes mainframes, où COBOL est roi, continuent de soutenir les infrastructures vitales de nombreuses grandes entreprises internationales, des banques aux compagnies d'assurance, en passant par les agences gouvernementales.

Ce métier vous offre la responsabilité de maintenir et d'améliorer ces systèmes tout en travaillant à la pointe de l'innovation. C'est une opportunité d'exercer une influence durable, d'apporter votre expertise pour transformer et moderniser des processus essentiels, en les rendant plus efficaces et plus sûrs. La rareté des experts en COBOL signifie également que votre expertise sera d'autant plus valorisée sur le marché. Les entreprises sont prêtes à investir dans ceux qui possèdent une connaissance approfondie du COBOL et des systèmes sur lesquels il repose, ce qui se traduit par des opportunités de carrière enrichissantes et souvent lucratives.

Mais pour parvenir à ce niveau de compétence, il est essentiel de développer une soif insatiable d'apprentissage et un désir constant d'enrichir vos compétences. La technologie évolue vite, même dans un domaine aussi bien établi que COBOL. Soyez prêt à vous engager dans un apprentissage continu pour vous tenir à jour avec les avancées technologiques et rester compétitif dans le marché. De même, étendez vos compétences en vous intéressant aux nouvelles intégrations qui émergent entre le COBOL et d'autres technologies modernes, comme les plateformes cloud et l'intelligence artificielle.

Embarquez dans cette carrière avec une passion pour le détail et une patiente détermination, car le travail exige de la précision et une compréhension approfondie. Cependant, cette complexité apporte aussi un sentiment d'accomplissement unique, car vous résolvez des problèmes critiques et améliorez des systèmes qui affectent des millions de personnes. Quoi de plus gratifiant que de savoir que votre travail contribue directement à la stabilité et à l'efficacité d'organisations majeures ?

L'avenir de COBOL ne peut être sous-estimé. Avec tant d'entreprises dépendantes de ces systèmes, être consultant n'est pas seulement une chance de travailler sur une technologie héritée, mais c'est aussi être à l'avant-garde de la gestion des changements critiques qui offrent des avantages organisationnels concrets. La nature irremplaçable des systèmes mainframes dans certains secteurs garantit que ceux qui s'aventurent dans ce domaine pourront jouir d'une sécurité de carrière peu commune dans le secteur technologique.

Rejoignez cette communauté de consultants COBOL, une communauté qui sait que sa valeur réside dans sa capacité à maintenir l'équilibre entre l'héritage et l'innovation. Construisez un réseau de mentors et de collègues, échangez des idées et collaborez à des projets d'envergure qui redéfinissent les contours mêmes de notre société numérique. Ce n'est pas seulement une carrière technique, mais aussi un cheminement qui ouvre les portes à la conceptualisation créative, un défi constant où vos idées peuvent éclairer les futurs développements.

Mon appel à vous, futurs consultants COBOL, est ambitieux : plongez-vous sans crainte dans cette opportunité. Explorez chaque recoin, affûtez sans relâche vos compétences et agrandissez votre horizon intellectuel. Ne vous contentez pas simplement de gérer ce qui existe, mais saisissez la chance de bâtir de nouveaux concepts et solutions qui laisseront votre empreinte sur le paysage technologique pour les décennies à venir. Réjouissez-vous du potentiel de ce métier, engagez-vous avec innovation, et vous serez récompensé non seulement par la réussite professionnelle, mais aussi par la satisfaction personnelle d'avoir joué un rôle essentiel dans l'évolution continue de technologies essentielles. Votre carrière en tant que consultant COBOL commence maintenant, avec les promesses qu'elle renferme à chaque ligne de code et chaque défi relevé. Soyez audacieux, soyez persévérant, et faites de vos compétences votre plus grand atout dans ce monde en constante évolution.

www.ingramcontent.com/pod-product-compliance
Lightning Source LLC
LaVergne TN
LVHW051233050326
832903LV00028B/2387